摘要力

9割捨てて10倍伝わる「要約力」

刪掉9成重點，
比別人強10倍的表達力

山口拓朗／著　吳羽柔／譯

資訊爆炸時代的
大革命，對話和寫作
都要「簡潔有力」！

日本溝通大師教你用最簡短、最快速的方法達到最強的成果
成功表達「**無論如何一定要先說！**」的內容

「摘要力」到底是什麼？

針對此問題，我的回答如下。

摘要力就是要找到

「臨死前最想說的話！」

雖然單純說「先讓我說完這些！」也可以，不過為了表達決心，我故意加上「臨死前」的說法。

出自本書第四十頁。

〈專文推薦〉

少即是多，用摘要力創造十倍勝人生

《高產出的本事》作者、職場生產力顧問　劉奕酉

少即是多（less is more）。

相信你一定聽過這句話。但是，少，要少到什麼程度？多，指的又是什麼？在溝通表達的領域，就是用最簡短、最快速的溝通方式來達到最棒的成果！

要做到這一點，關鍵就在於「摘要力」：能抓住重點、能因應狀況，合乎邏輯、簡明扼要地表達自己的想法，讓對方更好理解與認同。但是，多數人會有一種迷思，認為說得愈多、讓對方獲得完整的資訊，才更容易理解與認同。

其實這是因為「不理解重點在哪裡」與「不知道如何處理資訊」所導致的。

在我認識的高效工作者中，每個人都有快速摘要重點的能力。他們可以簡潔地表達出

自己的想法，也能從別人的報告或說明中，迅速地歸納出重點；甚至從中發現一些對方的盲點，透過提問來澄清與引導往好的局面發展。

而且，摘要力提升了，思考到產出的速度與品質也會跟著提升。

那麼，該如何提升摘要力呢？作者認為，只要依循著「收集、整理與表達資訊」三個步驟，每一個人都能做好「摘要」這件事。但是要做到什麼樣的程度才算是好呢？簡單來說，就是能將資訊妥善地傳達給對方，最終達成自己期望的目的。

摘要力的關鍵，在於釐清對象與目的：

- 我要向「誰」表達「什麼」資訊？
- 我「為何」要表達？期望達成什麼目標？
- 我該「如何」表達，才能有效達成目的？

比方說，在進行自我介紹時，是向誰介紹自己？又是為了什麼目的？相信你在面對部門的新同事、求職面試時的面試官、合作客戶的負責窗口，或是剛搬來的新鄰居時，應該不會用相同的內容與方式來介紹自己吧？同樣的道理，摘要的內容也會依照對象與目的而做出調整。

釐清了對象與目的，接下來是「**收集、整理與表達資訊**」三個步驟。

- **收集資訊：如何收集充分且必要的資訊，來提高摘要的精確度？**可以透過「自我提問」來提高接收資訊的品質，藉由「後設認知」來避免資訊收集的認知偏差。
- **整理資訊：如何將資訊分類，讓整理更有效率？**不只分類，更要為資訊安排「優先順序」來創造出資訊的結構性與層次感。
- **表達資訊：如何將資訊簡潔的傳達給對方？**可以善用「關鍵字」與「數值」來增加具體性，將複雜的事物透過「圖表」與「譬喻」來提高抽象性，讓對方更容易聽懂。

我認為這本書最棒的，就是有相當多的案例解析，告訴讀者如何逐步做好這些步驟、摘要重點。你可以一邊練習，一邊參照書中的做法，來提升自己的摘要力。

我自己也因為摘要力，在工作與生活中獲益良多。

舉例來說，在向主管與客戶進行工作彙報或提案時，我會使用一頁摘要讓對方掌握全貌，了解報告的目的、關聯與效益；平時閱讀完一本書或一篇文章，我也會簡短地摘要書中的重點與自己的觀點分享在社群上。

這不僅讓我更容易獲得關注與信任，也因此創造出專屬於自己的機會。過去一年多裡，我出版了三本書，都是在初次與編輯會面的過程中，僅僅以口頭摘要的方式介紹自己與提案，就獲得了出版合約。我想，這就是摘要力的威力！

善用摘要力，你也能創造出十倍勝的人生！

〈專文推薦〉

話太多？話太少？還是剛剛好？

知名講師、聲音教練　羅鈞鴻／小虎

在職場裡頭，有兩種說話習慣，特別容易造成團隊成員的「內傷」，一種叫做「過度解釋」，一種叫做「懶得解釋」。

有一些人，他們在工作上並沒有犯什麼錯，卻因為總是長篇大論又說不到重點的說話習慣，常常令主管很不耐煩。這種話說得又多又複雜而讓人厭煩的，我們就歸類在「過度解釋」。

因為聽那些「過度解釋」的人說話，得耐著性子聽，實在太消耗精神，所以人們總是下意識地避開與他們說話的機會，不知不覺，就變成了辦公室的「邊緣人」，有什麼好事，也都不太會第一時間想到要與他們分享。

還有一些人，他們的工作能力很好，而說話時雖然都說在重點上，但他們的話太少，喜歡用自己理解事物的方式來表達，加上他們很少去對他人的理解程度進行確認，就常常造成傳達的失誤。這種缺少為他人著想的說話習慣，我們歸類在「懶得解釋」。

而「懶得解釋」的人，也因為總是以自己主觀的理解為出發點來表達，常會被別人認為高傲、自負，因此人們也不太願意和他們打交道，在職場上總是被當作「工具人」，除了專業能力，沒有其他作用，所以也不太會被賦予管理職，缺乏向上升遷的機會。

你在職場上見過這些說話習慣嗎？還是你也因為這樣的說話習慣而感到困擾呢？

溝通表達的軟實力，在近年來不斷被強調、推廣，但大部分的人，往往都是在職場上一邊碰壁，一邊從錯誤中調整說話方式，才有機會改善他人眼中自己的專業形象，不過前提是，調整的方向還得要剛好正確才行呢。

本書的宗旨，就是透過「摘要力」，讓讀者可以學會使用更簡單有條理的說話方式，幫助他人理解自己想表達的內容。而這種溝通能力，也是在職場溝通上，最直接能強化自己專業形象的一項能力，如果一開口就能讓人聽懂而且信服，我相信這樣的說話習慣就能為你建立更多的信賴感，也為你贏得更多好的機會。

如果你是「過度解釋」的人，本書會告訴你如何練習，利用摘要的三個步驟，蒐集、分類、簡潔表達，將核心觀點整理歸納出來，順利地傳達給對方，減少不斷重複解釋而對他人造成的精神消耗。

如果你是「懶得解釋」的人，本書也會告訴你如何用有架構的方式，更客觀地建構自己的表達結構，降低彼此的認知偏差，讓別人更容易聽得懂，也能大幅地減少誤會。

讀完本書，你會了解，真正改變說話方式的，是你的思維習慣，只要整理觀點的方式變得更加精準而有效率，你的「摘要力」會在你開口前就等著發揮它的作用了。

而當你越懂得如何對資訊進行摘要，也會越懂得什麼對你來說重要，什麼不重要。摘要的能力不僅會在職場上發揮作用，也會讓你對自己的人生主導權變得更有意識。

希望你也可以透過本書具有「摘要精神」的圖表設計，和簡單好記憶的三個步驟，在生活中落實摘要力的練習，然後利用你的摘要力，在你的專業領域和人生裡，一鳴驚人吧！

目次

第四章 步驟③表達資訊——簡潔的傳達給對方 137

後記

前言

❶「摘要力」強弱的決定性差異

當一個人要表達時，並不是把所有訊息全部丟出來即可。

相反的，大多數情況下，說得越仔細，「反而讓人越搞不懂你要表達什麼」。

我們以下屬向上司進行業務報告、討論時的情況為例。

表達法①

今天為了針對前陣子的活動向各廠商致謝，我跑了幾家公司。在拜訪A公司的時候，剛好碰到了前田先生……。在談話間聊到我們公司的產品「好好吃」。

結果，前田先生突然詢問是否有合作的機會。那個……因為他們剛好也很擅長網路業務，想請問您是否有時間能討論這件事呢？

表達法②

A公司的前田先生希望能對我們公司的產品「好好吃」在販售方面提供一些協助。他說可以幫我們製作電商網站，也可以協助網路媒體宣傳的部分。不知道您是否有時間與前田先生碰面討論一下呢？

哪一邊比較容易理解呢？答案應該一目瞭然吧？

為什麼「表達法①」不好懂，而「表達法②」比較好懂呢？

這就是「摘要力」的差異。

再舉一個例子。

假設你要向朋友介紹最近看的電影內容。

有一個頭腦還不錯的主角，喔，外表看起來還滿帥的，主角的名字叫健一，他非常努力工作想做出什麼成果來。喔然後他的職場，就感覺有點……嗯……黑心企業，上司也經常藉權勢壓迫員工，不過更重要的是，這個健一他就只是靠一股傻勁往前衝的人……（滔滔不絕）。

如果你在說明劇情時這樣流水帳般喋喋不休，朋友應該也不會感興趣吧。太多枝微末節的內容，讓人甚至搞不懂要從何討論起。

如果改成以下的表現方式如何呢？

主角遭受不合理解僱後逆轉劣勢，憑藉話術成為了成功的YouTuber。是個令人感動的故事。

你的朋友應該會覺得這部片滿有趣的吧？

為什麼前面的說明不好懂又不讓人感興趣呢？

又為什麼後面的說明好懂又容易讓人感興趣呢？

這也是「摘要力」的差異。

「摘要力」指的是抓住資訊重點，因應狀況簡潔且有邏輯地表達自身想法的能力。

一個人從兩個多小時長的電影中接收到的資訊量相當龐大。如果你不整理重點，直接把來龍去脈全都講出來，對方八成會敬而遠之吧。

相反的，如果一個人能從龐大的資訊中挑出特別耀眼的重點部分傳達給他人，對方會非常開心。

前者就是「摘要力弱的人」，後者是「摘要力強的人」。

摘要力強的人有一個共通點，就是他們向別人傳達資訊的時候，會**「刪去九成內**

容」。

他們之所以能刪去其他九成內容，是因為他們堅信「只要有剩下的一成內容，對方就能理解」。這種來自發話者的自信，能帶給對方很大的安心感。

什麼細節都要說清楚的人就是典型「不擅長摘要」的人。

這些人要不是認為「如果不多說一點，對方會無法理解」，要不然就是沒有適當處理、統整資訊。

大多數情況下，「如果不多說一點對方無法理解」的想法背後，其實潛藏著發話者本身「並不理解重點在哪裡」的「自信欠缺感」。當發話者被這種「自信欠缺感」淹沒時，就會拚命堆疊詞句。

另一方面，發話者沒有處理、統整資訊的狀況，往往是因為他的摘要處理能力不足。

不管不擅長摘要的原因為何，本書的思維模式及技術都能改善以上問題。

順帶一提，如果是看了兩小時的電影後，腦袋一片空白、不知道要說什麼的人，則是另一種意義上的重症患者，簡單來說就是「缺乏輸入能力」。**如果想加強自己的摘要力，也必須努力提升自己的輸入能力（資訊收集能力）**。

一旦提升了「摘要力」，工作效率及生產力也會提高。

因為在工作中不管是要表達自己意見時、進行企劃規劃及提案時、對合作夥伴進行簡報時、進行討論或談判時、服務客戶時、說服他人時……各式各樣的場合都需要用到摘要力。

當然在討論中要理解、感受談話對象的想法時，「摘要力」也扮演了相當重要的角色。

你必須掌握對方的資訊（想法、心情、價值觀、性格等）來做出適當的回覆。這樣的行為本身即是摘要處理。

本書將摘要過程分為以下三個步驟。

①收集資訊（收集充分必要的資訊）↓於第二章介紹。
②整理資訊（將資訊分類）↓於第三章介紹。
③表達資訊（簡潔的傳達給對方）↓於第四章介紹。

分別強化這些步驟，你就能迅速培養出「摘要力」。

我從撰寫人物訪談中學到真正的「摘要力」

過去二十五年多以來，身為一名雜誌及網路媒體作家，我訪談過的對象已經超過三千三百人，其中包括藝人、運動員、企業家、上班族、家庭主婦、學生等。

如果要用一個詞來形容將訪談對象提供的資訊整理為文章的整個流程，那正是「摘要」。

一邊挑選、取捨訪談所得之資訊，一邊將其整理、編輯為讀者想看的內容。如果這些摘要工作做得好，就會受到讀者歡迎，做不好的話就無法得到迴響。

若作家一直寫不出受歡迎的文章，就會被淘汰掉。

在這樣嚴苛的環境中，我拚死提升了自己的「摘要力」。

我想表達的是，即使我寫出了這本以「摘要力」為名、乍看之下很厲害的書，我也不是一出生就很擅長摘要。

我同樣是一邊撰寫各式各樣的文章（反覆輸入及輸出），一邊漸漸掌握「摘要力」這項後天技能。

「摘要力」不是天賦才能，而是藉由「掌握摘要基礎X養成摘要習慣」漸漸打磨出的能力。

本書將告訴你「摘要的基礎」。

提升摘要力後的副產物

摘要力弱的人的大腦狀態就像資料混亂的電腦硬碟一樣，雖然有資料，但找不到資料存放的位置。

而摘要力強的人的大腦狀態則像有將資料妥善以資料夾分類的電腦硬碟，可以輕鬆找出每一筆資料。這樣的大腦能夠隨時臨機應變取出所需資訊。

只要有好好整理資訊，我們就能輕易發現各資訊的「差異」及「共通點」，也就可以順利分析或驗證資訊。

另外，如果結合摘要後的資訊，也經常能發想出新的資訊和想法。

讓大腦習慣「存取」或「組合」資訊的話，也更容易能發展出自己的意見。

用「表達方式」為人生帶來劇烈變化吧

如果你希望成為一個工作能力強的人、想改變人生，就必須從現在開始訓練自己的「摘要力」。

訓練「摘要力」的好處不僅僅是提升你的工作能力而已。

「摘要力」會對你的人生產生全面性的巨大影響。不管是建構個人人脈、發布社群貼文及傳訊息、實現自身夢想，甚至是你在日常生活中所要面對的大大小小各種選擇都將產生變化。

你現在的人生即是你到目前為止所接受到「所有資訊」摘要後的結果。

讀哪間學校、做什麼樣的工作、住在哪裡、與誰交往、跟誰結婚、如何花錢、如何規劃時間、重視什麼樣的價值觀——

以上這些摘要資訊的集大成，就是你的人生。

其中當然也包含你現在閱讀這本書的經驗。

現代社會是超資訊化的社會，稍微一不留神，就會被捲入迎面而來的資訊中，大腦瞬間變得混沌不堪。

我們可以說，摘要的必要性隨著時代演進不斷地向上提高。

那麼你準備好安裝「摘要力」了嗎？

請你放心，這本書本身已經排除了一切雜訊，將讀者所需的資訊以必要的順序編排呈現。

為了讓你不要在其中迷失，我會帶著你走到最後一頁的。

山口拓朗

第一章

終極的摘要是「臨死前先讓我說完這些」

1 學會「摘要」能改變你的人生

滔滔不絕的人是在奪走對方的時間（生命）

我在本書中要介紹給你的「摘要力」，其最終型態是確實的輸出內容。

在「說」、「寫」、「肢體動作」這些主要輸出方式中，我會先以工作場合中經常使用到的「說」為主軸進行說明。

滔滔不絕沒重點的發言是工作場合裡最應該避免出現的行為之一。

為什麼不能滔滔不絕呢？這是因為滔滔不絕會「奪去對方的時間」。

時間對所有人來說都同樣具有「價值」。「時間」是我們「人生的本質」，換句話說，稱時間為「生命」亦不為過。

工作能力越好的人，就越會注意不讓自己的發言奪去對方的時間。

而且比起要花十分鐘毫無重點滔滔不絕說明內容的人（＝摘要力差的人），只花五分鐘即能明確清楚說明重點的人（＝摘要力好的人）更能帶給對方好印象。

在與客戶對談或進行簡報的時候，後者也當然更容易取得成果。

另外，「強化摘要力」也能夠有效解決許多上班族共通的問題——「無法提升工作效率」及「無法提升生產力」。

因為要提高「效率」及「生產力」，就必須提高將內容輸出時的「資訊密度」，也就是必須提高說話或寫文章時的內容濃度，而提高內容濃度的最佳方式即是「強化摘要力」。

本來「提高資訊密度」即是「強化摘要力」的主要精髓之一。

你的「摘要力」越優秀，在說話或寫作時的「資訊密度」就會隨之自動提高。最終你會更容易得到你所希望的「成果」或「報酬」。

在高速運轉的社會中，「摘要」是必備技能

在訓練「摘要力」時，你會得到一些附加的好處。

其中一個即是能夠跟上千變萬化的「社會動向」。

現代不管是工作流程、市場和潮流的變化速度，跟十年前相比都在急劇加速中。甚至價值觀、常識、工作方式和生活方式也在以驚人的速度變化著。

在工作場域中，隨著決議和執行業務的速度提升，工作和會議也明顯傾向於在短時間內完成。

也就是說，**確實且迅速進行資訊摘要的技巧越來越受重視**。

例如說在開會時，摘要力強的人能夠迅速掌握每位與會者發言（＝資訊）的重點，並

醞釀出屬於自己的發言內容。

在會議中能妥善做好摘要的話，進行判斷和決斷的速度自然也會提升，也更有可能針對問題提出有效解決辦法或新想法。

相反的，無法對與會者發言進行摘要的人所提出的問題解決方式、新想法可能會思慮不周全，也可能會跟不上討論。這對當事人來說也是相當痛苦的狀況。

在與人溝通時，也需要當場瞬間統整對方的想法、意見和需求，以及對方的性格及情緒面資訊等等。

「摘要力」越強的人越能適當摘要出「對方的資訊」，並在交涉或談判時佔上風。

以上論點亦適用於電子郵件或追求高速溝通的線上訊息上。如果能持續迅速確實的統整資訊，就能提高相互交流及執行業務的效率。

在遠距溝通機會增加的時代，沒有比文字資訊處理更重要的能力了。

在使用電腦或手機閱讀網路上的資料、吸收其重點時，也需要高速摘要力。

只花三分鐘即能獲取必要資料的人和必須花十分鐘的人相比，兩者的工作進度和成果當然會有巨大落差。

不管在哪一個領域，「工作＝不斷摘要」。

請先記住，加強「摘要力」是適應高速社會的最佳方式。

❶被貼上「工作能力差」標籤的風險

說話未經統整、滔滔不絕的人，無法獲得上司、部下、合作夥伴、客戶等周遭人士的信任。

其理由並不只是因為「滔滔不絕會奪去他人的時間」，更因為對方會認定「說話未統整＝沒有做好內容摘要（＝沒有去理解、整理自己所說的事物）」。

說得難聽一點，對方會覺得這個人「工作能力差」，而很遺憾的是，這種印象是無法被輕易翻轉的。

「印象」也可以被稱作「標籤」吧？

恐怖的是，一旦被貼上這種工作能力差的標籤，對方就會對你保持距離，覺得「不想跟這個人工作」、「告訴這個人資訊大概也沒有作用」、「無法找這個人討論問題」、「最好不要跟他有什麼關聯」等等。

另一方面，不管是工作、人或資訊，總是會慢慢聚集到「摘要力」強、能簡潔傳達資訊的人身邊。

因為這種人看起來比較「精明」，其他人會想把工作交給他、想拜託他幫忙，因而不斷聚集過來。

從公司的立場來看，自然也不想放走這種人才，會希望能多多提拔這種人吧？

假設你是接收資訊的一方，你會比較喜歡「散亂沒重點的資訊」還是「整理妥當的資訊」呢？答案應該不言自明吧？

我們必須耗費時間、勞力、金錢等成本來處理「散亂沒重點的資訊」，因此收到這種資訊偶爾會有風險或損失。

相反的，如果對方提供的資訊已經好好整理過了，就不用再耗費成本進行資訊處理，之後的工作也較能順暢進行。

而且要再轉告該資訊給另一個人的時候也相當省事（較不需要再次摘要）。

因此能夠提供對方「整理妥當的資訊」的人，還能夠減輕對方的工作負擔（＝提高對方的工作效率）。

大腦清楚摘要，嘴巴簡潔說明

「摘要力」強的人能確實掌握資料，並且知道應該「以什麼順序」、「如何」說明「到什麼程度」。

這種人說話時不易離題，就算離題了也能在絕佳時機點將話題巧妙的帶回主軸上。

在即興對話中，也能明顯看出「摘要力」強弱不同所造成的用語及應對差異。

「摘要力」弱的人因為無法統整資訊，常常會說不出話，或不經思考的直接脫口說出腦中想法。

如果是一邊說話一邊整理想說的內容倒還好，有些人甚至會越說越搞不清楚自己在說什麼。

這種人最後會導致聽者身心俱疲、大失所望，甚至勃然大怒。因此「摘要力弱」對商務人士來說是非常不利的缺點。

而摘要力強的人就算是被臨時要求發言，也能夠沉著冷靜的應對，並做出最適當的發言。

這是因為他們在開口前的數秒內，已經迅速摘要、整理好了腦內想法。

不管是隨興對談或需要臨場發揮的狀況都難不倒他們。

你的身邊也有這種，不管被問什麼問題都能瞬間給予具體應答的人，或者能當場迅速提供所需資訊的人吧？這種人即是「摘要力」強的人。

請你放心，只要按照這本書的方法，你也能漸漸成為「大腦清楚摘要，嘴巴簡潔說明」的人。

❶終極的摘要是「臨死前先讓我說完這些」

「摘要力」到底是什麼?

針對此問題,我的回答如下。

摘要力就是要找到**「臨死前最想說的話!」**

雖然單純說「先讓我說完這些!」也可以,不過為了表達出決心,我故意加上「臨死前」的說法。

現在這個瞬間,就算死也想告訴對方的是什麼話呢?徹底想清楚這個問題的行為,即是「摘要」。

可以說,本書不僅會解說該如何找出「臨死前最想說的話!」,也能夠提高你「臨死前最想說的話!」的內容完成度。

舉例來說，你會如何回答以下問題呢？

問題：你是什麼樣的人？

你的大腦現在應該正高速運轉著，努力思考自己是什麼樣的人吧？

表現法①

欸……我很開朗，然後喜歡快樂的事……工作方面，大概也不能說我天生適合這份工作，不過我還滿努力當業務的……沒什麼特別的興趣，不過滿喜歡喝酒的……很重視家人。我覺得自己的好奇心比其他人重，喔對，我很喜歡歷史，應該可以說過去從日本戰國武將身上學到了不少人生道理……

你如果是這種腦中有什麼想法就直接說出來的人，會很難讓說話對象對你的話題產生興趣。這段話裡不必要的情報太多且缺乏統整性，顯得發話者的「摘要力」比較差一點。

如果是「摘要力」強的人，可以說出以下這樣的發言。

表現法②

我是重視目標的人。不只在職場上，我在從事休閒娛樂、談戀愛或減重時也喜歡立定目標，並一點一點完成任務。

這段話不只讓人容易吸收，也能輕鬆理解「你是什麼樣的人」。

「表現法①」和「表現法②」的差別是什麼呢？

就是發話者是否具備「臨死前最想說的話！」的概念。

針對「你是什麼樣的人呢？」這個問題，「表現法②」先掌握了自己的數個特徵（資訊），接著按照「分類↓設定優先順序↓決定『臨死前最想說的話！』」的流程，最終得出「我是重視目標的人」此一結論。

雖然這段話字數甚至不及「表現法①」的一半，卻遠比「表現法①」更讓人印象深刻。

順帶一提第二句裡面提到「我在從事休閒娛樂、談戀愛或減重時也喜歡立定目標，並一點一點完成任務」，只是將「我是重視目標的人」換句話說（具體化）而已。

不必要、多餘的話語對對方而言就是「雜訊」。「臨死前最想說的話！」的內容越明確，在具體表達內容的時候雜訊自然沒有介入餘地，也就能夠提高對方的理解度。

終極的摘要力即是「臨死前最想說的話！」——請銘記在心。

2 「摘要」三步驟

❶摘要得按照「①收集資訊→②整理資訊→③表達資訊」三步驟

要如何判斷摘要有順利完成呢？我們可以從最終「將訊息傳達給對方（表達資訊）」的步驟觀察摘要成果。

如果一個人不管身處什麼場合都能將資訊妥當的傳達給對方，最終達到他自己希望達成的目的，那麼他就是摘要力強的人。

不過如果光專注於加強「表達」，反而無法順利提高「將訊息傳達給對方」的效果，

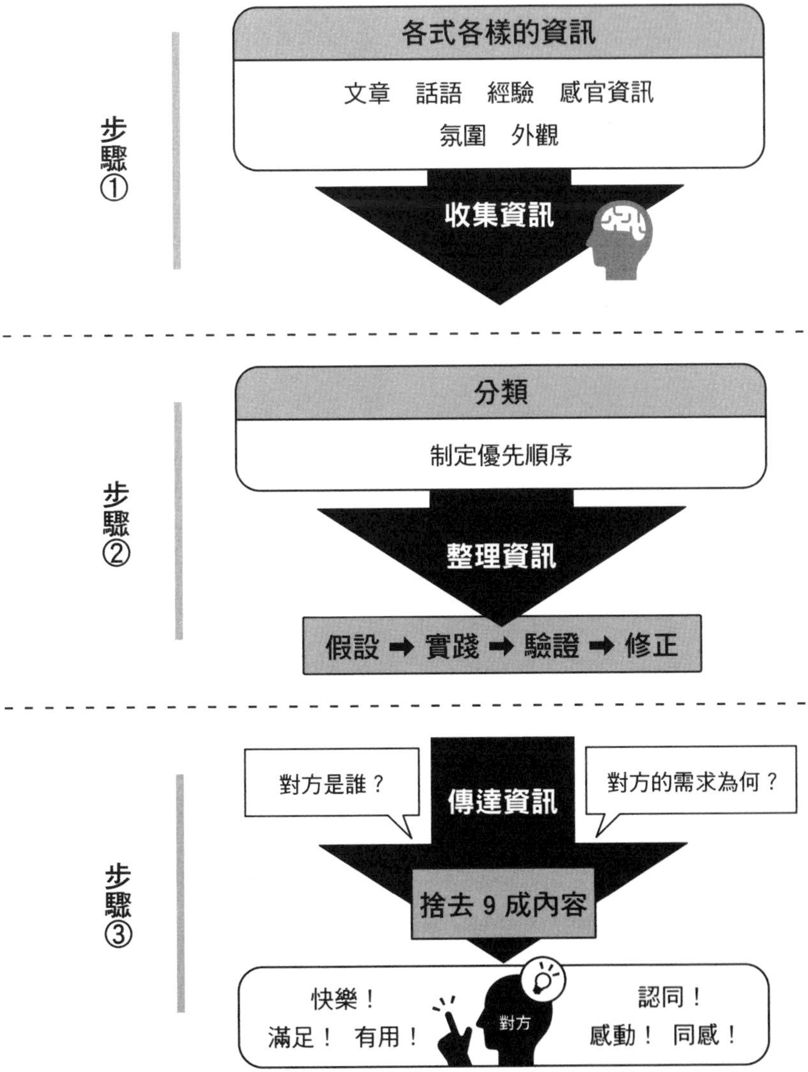
步驟①
各式各樣的資訊
文章　話語　經驗　感官資訊
氛圍　外觀
收集資訊
步驟②
分類
制定優先順序
整理資訊
假設 ➡ 實踐 ➡ 驗證 ➡ 修正
步驟③
對方是誰？
傳達資訊
對方的需求為何？
捨去 9 成內容
快樂！
滿足！　有用！
對方
認同！
感動！　同感！

因為「將訊息傳達給對方」只是「摘要過程」中的一個步驟而已。

- 收集充分必要的資訊——步驟①收集資訊
- 將資訊分類——步驟②整理資訊
- 簡潔的傳達給對方——步驟③表達資訊

後面要介紹的「摘要力」分為三步驟。這三步驟並沒有優劣之分，每一步都非常重要。

❶收集充分必要的資訊——步驟①收集資訊

第一個步驟是「收集資訊」。

所謂資訊其實有各式不同種類。以下例舉其中的一部分。

- 他人所說的話語（包含閒聊）

- 開會討論時聽到的內容
- 親身經歷之事
- 感官接收到的感受
- 研習或研討會學到的知識
- 文件、資料、信件等記載的資訊
- 報章雜誌或書籍的媒體資訊
- 網站或社群軟體中的資訊

除此之外，以各式資訊做為根柢，自己另外衍生出的「想法」或「意見」也屬於資訊的一種。同理，以資訊為基礎建立的「預測」或「假設」也都是資訊。

「摘要」跟「烹飪」很相似，如果沒有「食材（＝資訊）」，就沒有辦法進行「烹飪（＝摘要）」了。假設一個人沒有資訊，就算想發表什麼內容也無能為力。

相反的，假如將所見聞的資訊、感受、想法全都當作「重要資訊」看待，大腦應該瞬間就會被資訊塞滿了吧？所以一味囤積資訊其實也會有一定風險。

因此「摘要力」強的人會在一開始就有效率的整理資訊，他們會妥善判斷各資訊的必要性，並巧妙掌控輸入腦中的資訊。

➡我們會在第二章詳細討論「收集資訊」相關內容。

➊將資訊分類——步驟②整理資訊

第二個步驟是「整理資訊」。

收集好資訊後，要將這些資訊收納進大腦之中。而收納時就能明顯看出一個人的「摘要力」是強是弱。

「摘要力」弱的人的大腦，跟總是從外面帶回無用廢物卻不清理，也不具備整理觀念的人一樣。

地板、書桌、層架自然會漸漸堆滿物品，房間髒亂不堪。要在這個髒亂房間裡尋找物品也是一件難事，相當耗費時間與精力。

而且常常會想找東西卻又找不到。

相反的，「摘要力」強的人的大腦，就像整理得潔淨整齊的房間一樣。

他們不會將帶回房內的物品（資訊）隨意丟在地板或書桌上，而是會先判斷該物品是否必要，再將不必要的物品丟入垃圾桶，把必要的物品分門別類後收好。

而收納時也會制定優先順序，將經常需要輸出的資訊放在前排，較少用到的資訊放在後排，如此擺設即能因應需求，有效率的提取所需資訊。

在這個「整理資訊」步驟中，必須做到以下三件事。

- 判斷資訊必要與否
- 將資訊分門別類
- 為資訊制定優先順序

先判斷資訊的必要性，然後進行分類後為資訊制定優先順序——以上就是第二個步驟「整理資訊」時該做的事。

⬇我們會在第三章詳細討論「整理資訊」相關內容。

⬇簡潔的傳達給對方——步驟③表達資訊

第三個步驟是「表達資訊」。

我們必須在這一步將此前所儲存的資訊變換為有連貫性的內容。這同時也是最需要「摘要力」的步驟。

不管一個人所擁有的資訊有多驚人，如果只是存放著不用就不具備任何價值。資訊必須以「訴說」、「寫作」的方式傳達給他人或社會，在幫助到某個人的瞬間才會產生價值。

另外，「表達資訊」步驟中最重要的是「精簡資訊」。理想上必須將手中資訊內容割捨掉九成再輸出，在表達時不只要考慮「應該表達什麼」，也必須考慮「不用表達什麼」。

不善表達資訊的人容易陷入「將知道的所有內容都說出來」或「說話時不考慮優先順序」的狀況，最後只會造成對方負擔。

應該有人聽過「電梯簡報」（Elevator Pitch）吧？這是指在搭乘電梯的「極短時間內」，向他人說明資訊、進行簡報的方式。因為簡報時間受到限制，一秒都不能浪費，**在這種狀況下，「表達時能割捨九成內容」的人，就能夠取得最好的結果。**

在工作場合上，不管是簡報、會議、討論時，經常會碰到必須在短短數十秒或數分鐘內「表達手中資訊」的狀況。

不管你所擁有的時間是長是短，「表達時能割捨九成內容」的人就是「摘要力強的人」。

➡我們會在第四章詳細討論「表達資訊」相關內容。

3「摘要力」的核心在於向「誰」，「如何」表達「什麼」

➊釐清你要傳達的「對象」和「目的」

「請閱讀以下文章，並將筆者所述統整為一百字短文。」

這種題型就是我們在學生時代做的摘要。

這樣的摘要練習確實有助於訓練學生抓住資訊重點吧？

不過如果要說這種摘要技巧是不是可以直接應用於社會上，我的回答是否定的。因為

「抓住資訊重點」對社會人士而言只是摘要的其中一部分。**社會人士所需的摘要能力，必須要能依表達訊息的目的與狀況做出適當變化。**

目的即是「目標」。在職場上的目標通常是要取得「理想結果」，例如提案的理想結果即是「提出的企劃被採用」。就算是自願寫出企劃書並進行提案，如果企劃不被採用，花在企劃上的時間與勞力就全數付諸流水了，當然也無法為公司帶來助益。

這種狀況下我們應優先思考，為達成「所提的企劃被採用」此一目的，該如何將手上的資訊進行摘要。

幸虧我們的大腦具備高性能導航系統，只要設定好目的地（目標），大腦就會開始快速運轉。

- **如果希望企劃被採用，應該在什麼時機開口才好？**
- **應該用什麼方式表達提案？**
- **應該提出哪些優點？**

在思考這些問題的同時，摘要也會變得更加精細。

聰明的大腦會適當的「收集→整理」為抵達目的地所需之必要資訊，偶爾還會促使設定目標的人付諸行動。

「沒有目標的摘要＝徒手畫出的大餅」，在工作場合中尤其如此。在進行摘要前，請先明確設定自己的目標吧。

❶想一想「我要告訴誰？」

在表達摘要後的資訊前，重要的是先搞清楚「表達對象」是誰。

例如你在做自我介紹時，是向誰介紹自己呢？是剛加入同一部門的新同事、新職場的上司、合作公司的負責窗口、新加入室內足球隊的隊員，還是剛搬過來的鄰居呢？你需要摘要的資訊，理所當然會依說話對象而各有不同。

我要演講的時候，會先判斷「聽演講的人是什麼樣的人」，是特定企業的員工、某團體或組織的成員，還是學生或小朋友呢？

因為如果能因應聽眾屬性或特質來變更自己的說話內容、說話方式或選詞，可以讓對方更容易聽懂自己所說的內容。如果無視聽眾屬性或特質，聽眾可能會無法理解內容，或對內容毫無興趣。如此一來就無法達成「滿足聽眾」的目標了。

假設你是某建商的業務員，那對你來說行銷或推銷能力也屬於「摘要力」的一部分。「摘要力」強的人在製作公司商品傳單時，會認真思考「我最希望誰看到這張傳單（＝目標受眾是誰）？」

畢竟在競爭激烈及資訊爆炸的時代，要引起不特定多數的興趣可說是難上加難。

①希望找到能夠安心養老的房屋的五十多歲夫妻
②為了未來想照顧父母而在考慮買能與父母同住房屋的四十多歲夫妻
③希望房屋裝潢具都會設計感的雙薪無子女三十多歲夫妻
④在意「病態建築症候群」，育有五歲以下子女的二十多歲夫妻

①～④各自都很明確能看出「表達對象是誰？」也就是「目標受眾為何」。如果能這樣具體設定「表達對象」，進行摘要時自然能更加精準。

以下就是我針對每一種目標受眾所做出「臨死前最想說的話！」的範例。

①能夠無負擔地享受養老生活的無障礙住宅。

②同時注重「隱私」與「聯繫感」的兩代同堂住宅。

③能享受都會生活的設計師住宅。

④優先考慮孩子健康，由自然建材打造的住宅。

先確定表達對象後，就能輕鬆決定出「臨死前最想說的話！」了。

確定了表達對象，我們也能更容易發想出「觸動人心的話語」、「令人印象深刻的話語」。

➊滿足對方的需求之後，會得到奇佳的溝通效果

設定好表達對象後，你必須同時考慮的是「這個人的需求是什麼？」不過如果只是模糊地想像「這個人的需求是什麼？」，也無法掌握住真正的需求。自己空想出的需求，經常就只是一廂情願的「想像」或「妄想」而已。

掌握需求的最佳方式是「跟對方說話」。

如果對方是自己的上司，就跟上司說話。對方是客戶的話，就跟客戶說話。就算只是閒聊也無所謂。你在跟對方對話時，要慢慢獲取以下這幾個項目的答案。

- （這個人）想知道的事
- 能讓（這個人）開心的事
- （這個人）在煩惱的事
- 讓（這個人）困擾的事

- （這個人）感到不安的事
- （這個人）感到不滿的事
- （這個人）所認為的問題
- （這個人）想要拿到的東西
- （這個人）感興趣或在意的東西
- 讓（這個人）感覺快樂的事
- （這個人）想挑戰看看的事
- （這個人）想達成的目標或夢想
- （這個人）願意花錢的事

收集好這些情報的話，你就已經掌握對方的需求了。

如果你不擅長掌握對方需求，就試著在跟家人朋友們聊天時也刻意去滿足談話對象的需求。

假設你出國旅行回來，回國之後跟朋友聊到旅行經驗好了。

這個時候你的立場是要對自己出國旅行的資訊進行摘要並傳達給對方。如果你的摘要能滿足對方的需求，對方應該會非常開心。相反的，如果你無法滿足對方的需求，對方就會對此話題失去興趣。

如果對方是喜歡美食的人，就談有關食物的話題；如果是喜歡歷史的人，就聊你去參觀的世界遺產；如果對方喜歡經濟，就討論物價或當地商業情勢；如果是對機上服務有興趣的人，就聊聊你搭乘的航空公司——如果你能像這樣做出滿足對方需求的摘要，你的摘要就達到及格分了。

如果跟不喝酒的人無止境的聊紅酒話題，跟對政治沒興趣的人聊該國政治話題，對方極有可能會感到無聊，希望趕快結束對話吧？

人的需求隨時都在變化，因此要隨時仔細觀察對方的「話語」、「表情」、「語氣」或「氛圍」，來找到對方「現在需要的東西」。

向對方傳達的資訊優先順序，由高而低分別依序是以下①→③點。

①滿足對方需求的資訊
②感覺會讓對方開心的資訊
③自己想表達的資訊

不擅摘要的人往往會將第③項放在最優先順位，因此「對方會聽不進去」。

社會人士所需的摘要力並非「單向」而是「雙向」。無論何時，請不要丟失你對對方的注意力。

❶表達前要決定「對方的理想反應」

你在向別人傳達資訊時，是否會關注「對方有什麼反應」呢？

更準確的說，你最希望得到什麼反應呢？

如果要達成自己傳遞資訊所希望的目的，就不能「讓對方自己決定」他的反應。對方的反應必須由發話者，也就是你，來決定。

舉例來說，你要在會議中提出某個想法的時候，是否會想「不知道上司和同事會有什麼反應」呢？

如果你會這樣想，就表示你不擅表達，恐怕也得不到想要的回應。這是因為你對具備高性能導航系統的大腦所下的指令太「模糊」了。

在會議上提出想法時，對你來說最理想的反應是什麼呢？應該是「喔！這個想法不錯，我們來試試看吧！」這樣吧？**若是如此，你必須自己決定「我非要得到這個回應不可」**。

「決定對方的反應＝具體規劃目標」。

無法想像自己登上聖母峰的人，能夠登上聖母峰嗎？

答案是否定的。

以登上聖母峰為目標的登山者並不會抱持「好想要登頂喔……」這種模糊的想法，而應該是抱持「一定要攻頂！」的強烈意志，實際想像自己登頂的樣貌。

將目標設想的越具體就越容易達成目標，這個論點現在已經被腦科學界證實了。而大多數頂尖運動員也都會進行想像訓練。

在向單戀對象告白時，抱著「不知道會不會被拒絕……」的不安心態告白，跟一邊具體想像「對方會笑著答應」一邊告白，也許會得到截然不同的結果吧？

我們的大腦具備能夠引導自己達成目標的高性能導航系統。

在設定「讓對方同意」的目標同時，如果也能具體想像（＝決定）「希望對方做出的理想反應」，會更容易得到最佳的結果。

❶確認摘要的「量」

摘要的最終目標是「讓對方接收到資訊」，為此必須做資訊「輸出」，而在工作場合最多的輸出模式就是「說話」了吧？

說話的時候必須考慮到的是自己被許可（他人所提供）的「發言時間」。

- 會議上的發言時間是幾分鐘？
- 跟合作夥伴的交涉時間是幾分鐘？
- 向上司報告的時間是幾分鐘？

我們必須根據自己被允許發言的時間長短，來調整摘要的內容量。

如果只有一分鐘左右的時間，我們就必須集中於表達「臨死前最想說的話！」。相反的，如果被允許發言的時間有五分鐘、十分鐘，說完「臨死前最想說的話！」之後，也可以按照優先順序提供「其他資訊」。

如果沒有先掌握好自己被允許發言的時間，有可能會話說到一半被切斷，或形成「不完全燃燒」，發言不了了之。

反過來說，假設發言時間剩的太多，你就太欠缺身為商務人士所必備的智慧了。時間等同於金錢，請務必記得浪費時間就是損失機會。

另外，當你不確定自己有多少發言時間的時候，可以用「我們用電話討論兩分鐘左右好嗎？」或「可以佔用你十五分鐘的時間嗎？」等問句向對方確認發言時間。

以文章形式輸出時亦然。請務必重複確認自己被許可（他人所提供）的書寫字數（如一張A4紙或四百字內等等）。

雖然電子郵件等書信並沒有特別規範字數上限，不過把想寫的東西都放上去、寫得落落長也沒有禮貌。因為商務書信講求在充分傳達必要資訊的同時，溝通上也必須盡量簡潔。

如果文章內容實在是太多，可以在取得對方同意後，另外附加事先打好的檔案。

❶對「語言資訊」和「非語言資訊」進行摘要

以「請閱讀以下文章後做出摘要」一類題目為代表，我們在學校學到的摘要法，屬於「語言資訊」摘要。

社會人士當然也需要能摘要語言資訊的摘要力。如果無法對別人說的話、資料或書籍等資訊進行摘要，在工作上可能會造成巨大失誤或問題。

而另一方面，商務人士也經常需要對「非語言資訊」做出摘要。

「非語言資訊」就是指話語及文字以外的資訊。

在現場「看見的」、「聽見的」、「感覺到的」，甚至是「碰觸到的」，廣義來說都屬於「非語言資訊」。經由與人溝通所得知的情緒面資訊也是「非語言資訊」（例如對方「在生氣」或「很開心」等）。

如果無法對「非語言資訊」做摘要，在傳達資訊時就無法傳達事物的本質或真正意義。

假設你被上司指派到三週前剛開幕的公司直營餐廳進行視察。

新餐廳的店長說：「自開幕以來銷售額都相當理想，沒什麼大問題。」如果你對這句話囫圇吞棗、全盤接受的話，你寫給上司的視察報告就會像以下這樣。

只摘要了語言資訊

自開幕以來銷售額都相當理想，沒什麼大問題。

不過實際上你注意到了午餐時段卻有很多空位、兼職店員的笑容不足、內外場缺乏協調性等非語言資訊。

這時你會不會調整報告內容呢？

包含非語言資訊的摘要

真田店長說：「自開幕以來銷售額都相當理想，沒什麼大問題。」不過我去視察時明明是在午餐時段，現場卻還有很多空位。無法排除銷售額理想只是剛開幕所帶來的暫時性效益之可能性。

另外，也注意到兼職店員的笑容不足，內外場缺乏協調性。其中，店員面對客人時毫無笑容的部分尤其應盡快改善。也許是因為員工教育訓練不徹底所致，我認為總公司有必要對店長進行指導。

只加入了非語言資訊的摘要，報告書的語氣就迴然不同了。

要收集非語言資訊必須具備觀察力。當觀察對象為人的時候，觀察重點有以下幾項。

人主要的非語言資訊（部分）

- 眼睛……友善的眼睛／似乎有所不服的眼睛／充滿敵意的眼睛
- 表情……充滿歡欣的表情／充滿怒意的表情／開朗的表情／陰沉的表情
- 聲音……聲音大／明朗的聲音／有精神的聲音／聲音小／陰沉的聲音／吞吞吐吐的聲音
- 肢體動作……給人正面印象的肢體動作／給人負面印象的肢體動作

你在跟店長說話時，對方是什麼表情呢？他雖然說「自開幕以來銷售額都相當理想，沒什麼大問題」，不過表情跟聲音是否都很陰沉呢？而如果他的表情或聲音都很開朗的話，則可能是因為他尚未察覺到即將迎來的危機。

請將「非語言資訊」視為跟「語言資訊」一樣重要，仔細進行「收集→整理→表達」的作業吧。

第二章

步驟①收集資訊
——收集充分必要的資訊

1 做出「好摘要」的訣竅

沒有收集到充分必要資訊就無法做出「好摘要」

假設要你介紹自己現在熱中的興趣，不管運動、遊戲或旅遊等等，你應該可以輕輕鬆鬆講個一兩個小時吧？這是因為你對這個話題有充分資訊。

另一方面，如果突然要你談論衣索比亞的經濟議題，你大概會說不出話來。這是因為你沒有相關資訊。

造成一個人能否討論某個話題的因素大多與「資訊量差異」有關，一個人要能討論某

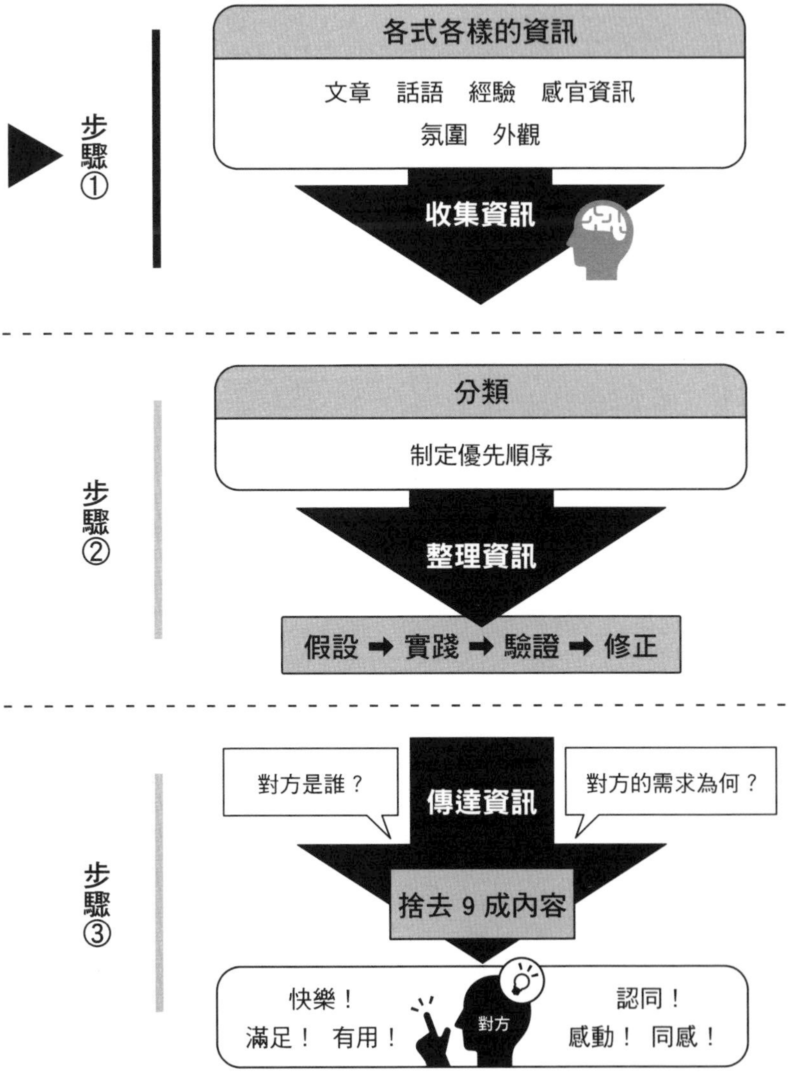
步驟①
各式各樣的資訊
文章　話語　經驗　感官資訊
氛圍　外觀
收集資訊
步驟②
分類
制定優先順序
整理資訊
假設 ➡ 實踐 ➡ 驗證 ➡ 修正
步驟③
對方是誰？
傳達資訊
對方的需求為何？
捨去 9 成內容
快樂！
滿足！　有用！
對方
認同！
感動！　同感！

議題的最大前提就是擁有該話題的相關資訊。在進行摘要並有效率地將資訊傳達給對方前，必須先確實收集好資訊。

從能信任的出處收集資訊

雖然每個人的職業跟專業領域不同，不過商務人士的生活都是由溝通對話連接而成的。在溝通時，必須同時進行「輸出」（說話）和「輸入」（傾聽）。

不管是跟上司、下屬、同事、合作夥伴、客戶等進行溝通，這些全部都是收集資訊的場合，你從對方身上得到的資訊不同，事後摘要出的「內容品質」也會不同。

資料、商品型錄、企劃書、提案書、會議紀錄、研究數據等文本也是相當重要的資訊來源，我們還可以從報章雜誌、書籍、電視、網路、社群軟體等管道有效率的收集資訊。

另外在對話現場運用感官得到的「感覺」和自己內心所想的「想法」與「心情」也是很重要的資訊。

不過一味認為「資訊量越多越好」是非常危險的，因為這些資訊中，也包含了證據性或可信度不足的資訊。**收集資訊時最重要的是確保資料來源值得信賴。**

優秀的記者與撰稿人大多擁有可信度高的情報源或熱線（可以隨時直接聯繫的線人）。相同的，許多優秀的企業家或商務人士也擁有可以信賴的情報來源。

對這些人來說資訊即是「生命」。因此選擇資訊來源時必須無比謹慎。

優秀的企業家在取得「高品質資訊」後，有機會可以構築新的商業模式、建立新事業、採用與培育優質人才、建立危機管理體制、提高收益、做出最好的投資……。

反之，對於企業與商務人士而言，掌握品質低的資訊可能會成為致命傷。如果拿到了錯誤情報或假消息，可能會導致重大失誤或問題發生。

不管是為了使工作能更順利進行，或維護自身事業，我們都必須確保自己擁有可信度高的資訊來源。

在腦內設置「資訊收集天線」的方法

收集資訊可說是「做好摘要」的第一步，那要如何提高資訊收集效率呢？我想介紹在腦內設置「資訊收集天線」的方法給各位。

我們假設A跟B兩人走在同一條路上，A喜歡美食，B則對時尚有興趣。

A自然會關注新開的咖啡廳、大排長龍的拉麵店或曾登上美食雜誌的知名義大利餐廳。他對時尚沒興趣，因此他對自己穿的衣服跟B身上的穿搭都毫不留意。

相反的，B則會一一檢視路人的穿搭，並同時分析最近的流行趨勢及每個人穿搭上的優缺點，而他最感興趣的當然是服飾店櫥窗中的模特兒。

就算走在同一條路上，每個人還是像活在截然不同的世界裡，這是因為每個人腦內所設置的「資訊收集天線」並不相同。

我們可以用稱為「RAS」（腦部網狀活化系統）的大腦功能來說明這個狀況。簡單來說，RAS指的是「將眼睛所看到的資訊及事物分類為要關注或不關注的濾鏡」。

上述提到A關注到美食資訊，B關注到時尚資訊的狀況，也可以說是受RAS影響所致。

如果你自認不擅長收集資訊，就只要針對你想收集的主題設置腦內「資訊收集天線」即可。

設置天線的方式很簡單，就是「命令大腦」而已。對大腦發出命令後，大腦會自動開始收集有關該主題的資訊。

我們用一個例子來說明如何收集摘要所需的資訊。假設你要參加公司的「頂樓綠化」新企劃，就只要向大腦下達命令「收集有關頂樓綠化的資訊」即可。

在下達命令的瞬間，你的大腦就會開始「關注↓收集」有關「頂樓綠化」的資訊。你走路時會注意到頂樓、觀景台、陽台上的植栽，視線也會自然飄向致力於綠化的公園，在書店裡會特別注意寫有「綠化」的書籍，也會自動將「頂樓綠化」輸入電腦搜尋列——跟「頂樓綠化」有關的各種資訊，會從你想像不到的地方翩翩飛來。

果。

大腦可能不小心會對「綠茶」一詞也做出反應，這同樣是「資料收集天線」造成的結果。

我在下一頁放上要設置「資料收集天線」時必須寫下的表格。

你也可以一條條列出來，不過寫成九宮格的形式會更容易列出內容（因為人類具有「必須填滿空格」的本能）。

在職場上設置「資訊收集天線」時，要注意收集的資訊盡量不要有所偏頗。

例如，不管你可以說明「頂樓綠化」有多少「效果」或「好處」，如果完全無法提及其「風險」或「注意點」，就顯得比較沒有說服力了。

如果對於「頂樓綠化」的不同體系有詳細理解，卻不具備與「頂樓綠化」相關的法律知識，也無法做出好報告。

為了盡量不要讓自己在輸出時有任何漏洞，我們也要針對⑤「與頂樓綠化有關之法律及條例」和⑥「頂樓綠化的風險及注意事項」設置天線。

❖為張開「資訊收集天線」列出的表格範例

❶ 頂樓綠化的效果及優點	❷ 頂樓綠化的體系（種類）	❸ 適合用於頂樓綠化的植物
❹ 有關頂樓綠化的津貼	新企劃「頂樓綠化」	❺ 與頂樓綠化有關的法律條例
❻ 頂樓綠化的風險及注意事項	❼ 頂樓綠化所需成本	❽ 頂樓綠化的成功案例

九宮格的「九」這個數字，只是因為方便表格填寫才設定的，如果你想像漁網一樣一把掌握所有相關資訊，可以使用有更多格數的表格來填空。

按這個方式進行，你不僅能更容易獲得推動計劃所需的資訊，也能夠按照不同狀況，做出相應的「摘要↓輸出」。

2 用「提問」提高資訊品質

藉由「自我提問」提高資訊品質

要做出「好摘要」必須提高輸入資訊的品質。因此你不能採取被動姿態，而應該積極的面對資訊。

「積極面對資訊」的方法之一，就是「自我提問」。以下向各位介紹要做出「好摘要」所必備的提高資訊品質方法。

假設你看見車站前面有間咖哩店大排長龍，而因此告訴別人「某某車站前的咖哩店很有名耶！」的話，就將結論下得太輕率了。因為你在將碰巧看見的狀況（餐廳大排長龍）轉成輸出的資訊（認定該餐廳是名店）時，想法跳得太快了。

要確認資訊的真實性和價值時，「自我提問」是非常有效的。以下列出一些自我提問的範例。

- **這家店每天都大排長龍嗎？（還是有可能只是碰巧當天特別多人？）**
- **有沒有可能是經過的時候剛好是午餐時間的關係？**
- **有沒有可能是出餐速度太慢呢？**
- **有沒有可能是前幾天剛好有媒體報導呢？**

我們無法憑藉只看了一眼的資訊，來斷定這家店是否很有名，必須針對自己覺得有疑問和不太合理的部分提出問題，並仔細導出這些問題的答案。

順帶一提，提問的模式通常是下列的「5W3H」。主動用這些問句對自己提問（偶爾可以問談話對象），就可以提高你所擁有的資訊品質。

- Who（誰）
- What（什麼）
- When（什麼時候）
- Where（哪裡）
- Why（為何）
- How（如何）
- How many（多少）
- How much（多少）

藉由提出「Why」來提高接收的資訊品質

上面列出的疑問詞中，詢問理由、原因、根據和動機的「Why」（為何），特別能有效提高資訊的可信度。

- 為什麼你說這個方法有效？
- 為什麼我們需要這個企劃？
- 為什麼出現這種失誤？
- 為什麼A公司開始開發這款商品？
- 為什麼要開這個會？

得到「Why」的答案，就等於得到了「理由」、「根據」或「證據」，這些答案可以大幅提高你在輸出資訊時的說服力。

藉由提出「How」來提高接收的資訊品質

能夠引導出某事物的方法、手段的「How」（如何），在職場上也非常實用。

- 如何展開宣傳？

- 這個企劃要如何執行？
- 如何評估客戶的滿意度？
- 我們要如何將此系統與既有服務做結合？
- 要如何帶領三十名下屬？

「How」帶出的答案，可能會成為跟「今後」、「將來」的行動、進展或策略有關的資訊情報。

❶藉由提出「If」來提高接收的資訊品質

除了「5W3H」之外，我也喜歡使用「If」（如果）來做提問。「如果」這個詞是用來預想還沒成為現實的事物。

- 如果要實行這個計劃需要多少成本？
- 如果營業額沒有達到目標，要如何修正？

- 如果接下這份工作，有什麼好處？
- 如果廠商交貨日晚了應如何對應？

像這樣對自己或談話對象提出「If」，就能得到未來的行動準則或判斷基準等多樣化的資訊，針對各種可能性做好準備，在職場上也能有效避開未來風險。

另外，使用到「If」的問句也非常適合做為自我啟發的工具，以下提供範例。

- 如果我自己是主管，會做什麼行動呢？
- 如果部長問了〇〇，我要怎麼回答呢？
- 如果把這個工作往後延，會發生什麼事呢？

預先針對「如果的世界」（假設）思考對應策略，除了可以讓「自己的思維」和「應該做的行動」更加明確，也能夠提高自身的風險管理能力。

「If」問句所帶出的資訊，大多是包含假設性的「近未來資訊」，能夠先預想到「近未來」的人，自然會更容易在職場上有好表現。擅長對應突發狀況或問題的人，非常有可能平常就會使用「If」問句做自我提問，先預測到「近未來」的可能發展。

事先用「If」問句來做分析，預先設想各種可能狀況還有一個好處，就是能消除自己的「不安」和「徬徨」，維持良好精神狀態。

分別使用兩種不同的提問方式

我們在跟人對話時，如果只一味的傾聽對方說話，就只能獲得粗淺或觀點單一的資訊，如果想得到更有用的資訊，就必須積極提問才行。

我們可以將提問簡單分為「封閉性問題」和「開放性問題」。

「封閉性問題」指的是像「是或否」、「A或B」這種，讓對方只能選擇其中一個答案的問題。藉由限制對方的回應範圍，你可以將話題限縮起來，讓對方明確表示自己的意見或態度。

「開放性問題」指的則是回答範圍不受限，對方可以自由回應的問題。不限制回應的

❖利用「提問→回答」提高資訊品質

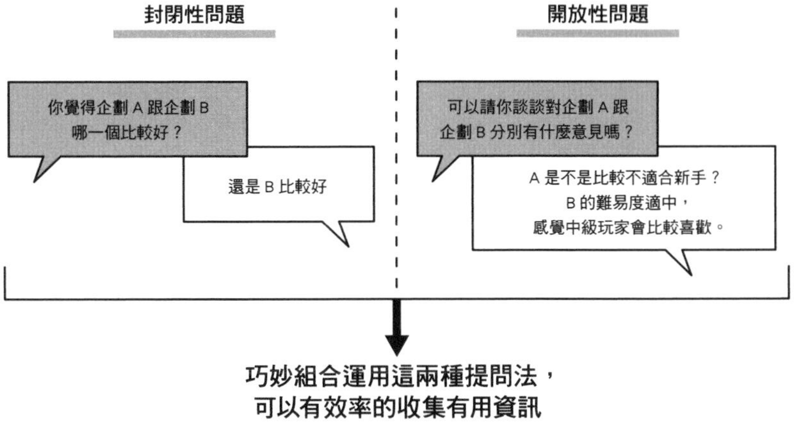
封閉性問題
開放性問題
你覺得企劃 A 跟企劃 B 哪一個比較好？
還是 B 比較好
可以請你談談對企劃 A 跟企劃 B 分別有什麼意見嗎？
A 是不是比較不適合新手？
B 的難易度適中，
感覺中級玩家會比較喜歡。
巧妙組合運用這兩種提問法，
可以有效率的收集有用資訊

問句可以將話題範圍拓展開來，進而引導出對方的意見或想法。

・你覺得企劃A跟企劃B哪一個比較好？【封閉性問題】

・可以請你談談你對企劃A跟企劃B分別有什麼意見嗎？【開放性問題】

以上述舉例而言，被問到封閉性問題時，對方只能回答「企劃A或企劃B」。而問到開放性問題時，對方可以自由闡述其對於企劃A和企劃B的意見。

這兩種提問策略並沒有孰優孰劣之分。巧

妙的結合兩種提問法，就可以有效率的收集到適切有用的資訊。

如果只使用其中一種提問方式的話，所收集到的資訊可能會有所偏頗，所以請隨時注意要平均使用兩種提問法。

3 用客觀角度自我觀察來消除資訊中的「主觀想法」

收集資訊時應該注意「認知偏差」

每個人都會有「認知偏差」。所謂的認知偏差指的就是「有所偏頗的思考」，也可以稱其為「刻板印象」或「偏見」。這會妨礙我們做出「好摘要」。

請務必注意，認知偏差太強烈的話，我們就無法正確掌握資訊內容。以下舉幾個日常生活中容易發生的認知偏差範例。

認知偏差例1

有一個食物好吃，服務態度絕佳的餐廳，但你只因為用餐時偶然飛來一隻小蒼蠅，就認定「這家店爛到爆」。**※以偏概全的評價事物。**

認知偏差例2

因為某電影網路評價有四分以上，就判斷這部電影「是部好作品」。**※將網路口碑當作電影好壞判斷標準。**

認知偏差例3

在A公司急速成長的時候「全盤肯定」其策略，並在它績效急速下降時「全盤否定」其策略。**※「成果的好壞」不一定等同於「過程的好壞」。**

認知偏差例4

認為「新聞寫的都是正確的」、「Yahoo!新聞底下的回應即是普遍民意」。**※任何媒**

體都只能擷取到某資訊的片面或部分內容。

認知偏差例5

認定西裝筆挺穿著整齊的人就很會工作，衣著不整的人就沒有工作能力。**※「外表」不等於「工作能力」。**

認知偏差例6

在高級的店面中看見平常覺得很貴的商品，就覺得沒那麼貴了。**※比起「絕對基準」更重視「相對基準」。**

其他相似的認知偏差範例還有很多，舉也舉不完。

有兩個方法可以避免因認知偏差造成的個人損失。

第一個是要保持自覺，意識到人類就是一種有「認知偏差」的生物。當你接觸到新資訊，或被迫做決斷時，先停下來思考「自己是不是有認知偏差？」，減少、放下自己的「偏見」或「刻板印象」後，你將能收集到更客觀的資訊。

提升「後設認知」來避免「認知偏差」

另一個避免因認知偏差造成個人損失的方法，則是提高自己的「後設認知能力」。所謂的「後設認知能力」，是指能夠客觀審視自我思考及行為的能力。後設認知能力弱的人和後設認知能力強的人的特徵分別如下。

後設認知能力弱的人

- 無法客觀觀察事物
- 視野狹隘
- 容易隨眼前的問題起舞
- 容易採取情緒化的言行

- 思考事物時眼光較短
- 溝通能力差（說話時不考慮對方等）

後設認知能力強的人

- 能夠客觀觀察事物
- 視野較大
- 不受眼前問題干擾，能提出解決策略等
- 容易採取理性言行
- 能夠以較長遠的視野思考事物
- 溝通能力好（說話時能思考對方立場等）

在職場上比較吃香的人，當然是後設認知能力強的人。

不過後設認知能力也不是一朝一夕能培養出來的。你可以藉由以下練習慢慢體會如何進行後設認知思考。

- 寫下自己的想法和情緒（客觀看待自己的想法和情緒）
- 寫下發生在自己身上的事（客觀看待事件）
- 讓他人對自己的言行做出評價（客觀看待自我）
- 思考並寫下「對方可能的想法」（客觀看待對方情緒）
- 閱讀小說／看電影（感受不同人的各種想法和心情）

如果不想要因為自己的「認知偏差」而蒙受損失，就要提高後設認知能力，也就是更加意識到要客觀看待自己的思考和行為。

越能提升摘要力的人，越會隨時注意到自己正在進行摘要。也就是說，你所培養出的後設認知能力，在整個摘要過程中都將扮演舉足輕重的角色。

4 能提高摘要精確度的正確資訊收集法

➊在收集資訊的階段就先看透「本質」

看透資訊本質的能力，對於強化「摘要力」來說相當重要。只要能在收集資料的階段看透其本質，就能提高摘要的精確度。

「本質」指的是「事物的根本性質和樣貌」。一個人在收集資訊時，是只收集肉眼可見的表面資訊，還是能掌握事物的本質呢？我們可以從最終輸出的結果感受到「決定性的差異」。

❖看透事物本質

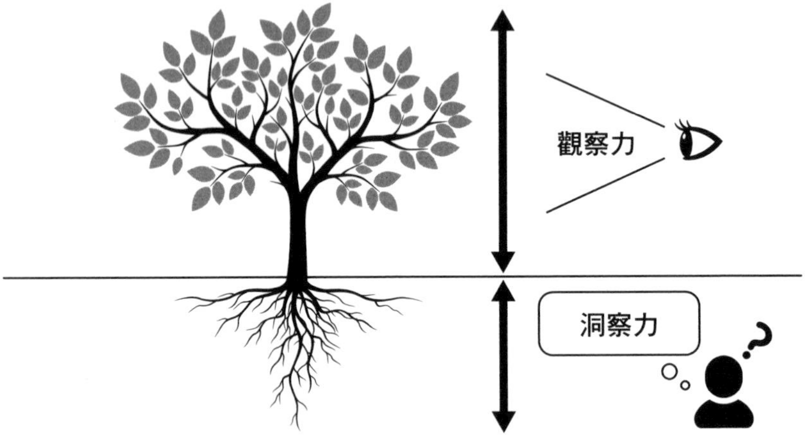

順帶一提，要看透事物本質的話，必須培養「觀察力」和「洞察力」。

我們前面有提過，「觀察力」指的是可以用心注意事物的狀況或樣態等「肉眼可見資訊」的能力。而「洞察力」則是指以眼睛可見資訊為出發點，看透資訊中相當於支柱般「肉眼不可見的本質」的能力。舉例來說，觀察力可以看見一棵樹的枝幹與樹葉，洞察力則能看透深埋土中的根。

要培養洞察力，就必須先培養觀察力。因為是「觀察」，所以重點在於全神貫注的「盯著」事物看，如果不以眼睛可見的事物或外觀作為「線索」，是無法看透事物本質的。

一棵枝葉茂盛的「樹」，底下的樹根狀態應該也不錯。像這樣以外觀為「線索」推斷事物本質的能力，就是洞察力。

而如果枝葉枯黃，就代表樹根很有可能也有問題。無法注意到這一點的人，想要讓樹恢復健康時，就會只對枝葉進行應急補救，這麼做完全是「治標不治本」的做法。

反觀洞察力強的人會考慮到「這棵樹的根部狀況可能也很差」，進而尋找讓樹根恢復健康的方式。

我們人在想事情的時候，只能思考自己認知範圍內的事。**因此透過觀察，增加自己所認知到的事物，是提高看透本質的能力（即洞察力）的唯一方式。**

將此理論放到職場環境來看亦然。

在處理問題或遇到困難時無法看透事物本質的人，永遠都只能作出效果不彰、只能解決現場狀況的處置。就算他是對症下藥，也無法剷除病灶。

能看透事物本質的人則能針對難題做出適當處理，一步步確實的根除掉疾病。

若想成為後者，就必須好好培養自己看透本質的能力（觀察力＆洞察力）。

活用「類推法」利用資訊來擴展思維

能看透事物本質的好處非常多，其中之一就是能「活化類推能力」。所謂的「類推」，是指將已知情報和經驗，應用在未知的領域上。

例如看到樹木不健康的時候會想到「很有可能是根部出了問題」的人，在公司業績下滑時，也會試著使用類推法來找出解決辦法，思考「相當於公司根基的存在是什麼？」接著他就能得出「公司的根基即是人才。我們必須強化人才培育才行」的答案。

以下的思考過程也是類推法的一種。

近年來，靠近市中心的車站內出現不少「百元理髮店」，這些理髮店似乎很受忙碌上班族的歡迎。另外，最近便利商店的服務越來越多樣化。

假設你得到了以上資訊。

「百元理髮店」和「便利商店服務多樣化」兩者是完全不相關的資訊，不過能活用類推法的人，會試著將兩者拿來做比較、拆解、組合。

例如，他可能會想「如果在便利商店內角落設置『百元理髮店』，會不會大受歡迎呢？」等等。這些想法的出現，正是因為他看見了「百元理髮店」和「便利商店」兩者共通的「平易近人」、「方便」、「價格實惠」等本質。

可以說，只要能看通事物本質，就能將兩個不同的資訊分別做摘要，組合出嶄新想法。

不管是要建構新的商業模式、發想企劃、重整公司策略、對人才招募和培育進行改革、調整時程安排等，只要具備了類推能力，你就能在各式各樣的場合裡提出新點子或解決問題的方法。

統整對方的人格特質

除了把握談話對象的「意見」和「情緒」外，還能同時掌握對方的個性、脾氣和風格等人格特質的人，能在摘要最後做出更高品質的輸出表現（「發言」和「書寫」）。

若要看清對方的人格特質，除了對方發言的內容外，也必須觀察他說話時的樣態和表情。這是因為樣態和表情有時候會透露出言語沒有說的事。我們也時常能從中找到對方發言背後隱藏的真正意見或想法。

你的直屬上司有什麼樣的人格特質呢？

要看出一個人的人格特質，必須善用聽覺與視覺，仔細觀察對方的特徵。以下例舉兩種不同的人格特質。

A課長

- 主動找下屬談話，積極與下屬溝通
- 平常就充滿活力，也會跟自己的下屬閒聊或談工作以外的事
- 擅長激勵下屬、為下屬加油打氣
- 重視「提高客戶滿意度」

- 比起短期成果數據更在乎工作過程
- 興趣是看足球賽和爬山

B課長

- 不會主動找下屬談話，也不太和周遭的人溝通
- 總是一臉嚴肅，不太談工作以外的事
- 會嚴厲指責下屬，對下屬的控制欲很強
- 重視「必須持續拿出短期成果」
- 不在乎過程，只用成果來判斷下屬的工作表現（重視業績）
- 認定「自己的興趣是工作」

分別仔細寫下這兩人的特徵後，我們就能夠看出兩人的性格差異。我們沒有要說A課長和B課長的人格特質孰優孰劣，每個人的人格特質當然都各不相同。

只要能掌握談話對象的人格特質，就能做出更有效率的高品質輸出（即「發言」或

「書寫」），在職場上尤其如此。

例如將客戶滿意度放在第一位的A課長，和只用數據評估下屬工作表現的B課長所需要的資訊當然也截然不同。

對A課長進行彙報時，重點放在「客戶滿意度」的報告能引起對方迴響。但和B課長談「客戶滿意度」的話題，對方大概會無動於衷，可能還會咄咄逼人的反問「這個月的營業額如何？」。

反過來說，對B課長報告時必須經常注意提出的數據，並告知對方是否有達到短期成果。如果沒有達到成果，也可以準備一些能在短期內提高營業額的做法（並提供目標數據）。

「在職場上不需注意他人的人格特質」想法是錯誤的。因為社會是由人與人的關係建立而成，要建構良好的人際關係，或者要讓工作順利進行，都必須掌握跟人有關的資訊（人格特質）。

就算你的溝通對象是客戶也一樣。越是提供高品質服務的公司，越會徹底掌握每一位顧客的人格特質。

例如銀座高級俱樂部的媽媽桑，就會積極收集情報，徹底掌握每位客人的人格特質。掌握了對方的人格特質，在進行輸出（跟客人聊天）時就能巧妙地選擇話語，也就能夠滿足對方。

培養「客戶」和「常客」秘訣的第一步，也是「收集情報」。

❹養成轉換「抽象資訊⇳具體資訊」的習慣

在收集情報時，應該養成掌握主題——也就是關鍵字——的習慣。

外國人看到「壽司」、「富士山」、「相撲」、「藝妓」、「壽喜燒」等關鍵字時，應該就會連結到「日本」吧？

只要關注各關鍵字之間的相關性，就能夠看見更大的關鍵字。

①噴嚏、流鼻水、眼周搔癢、二月到三月最為嚴重、過敏

❖抽象資訊與具體資訊

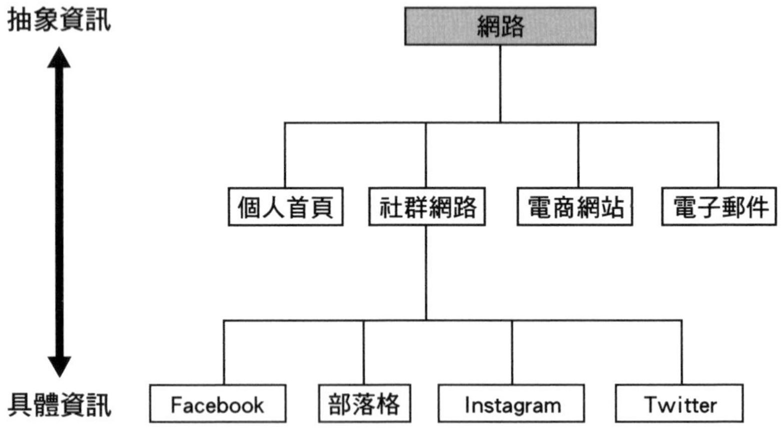

②格鬥技、手套、冠軍腰帶、一場三分鐘

多數人應該都能直覺反應①是「花粉症」，②是「拳擊」吧？

一個詞彙經常是由該詞彙以外的詞彙（也就是資訊）所構成的。我們要表達一個詞彙的意義時，必須使用其他的詞彙來解釋，單獨一個詞彙是無法表達自身意義的。

「詞彙」等同於「資訊網」。

藉由增加「理解的詞彙量」和「詞彙間的連結」，可以讓我們的資訊網更加活化。

資訊網涵蓋範圍越大的人，越是能因時制宜選出最適合的詞彙。因此這種人不管在報告、聯絡、討論、說明、談判、簡報等需要輸出資訊的場合中，都能做出高品質的資訊輸出。

另外，詞彙又可分為「具體資訊」和「抽象資訊」兩種。

很多時候，我們結合數個「具體資訊」，就能夠找到涵括這些資訊的「抽象資訊」，相反的，我們也經常可以從一個「抽象資訊」中提取出「具體資訊」。

以右圖為例，要具體描述「網路」這個「抽象資訊」的話，我們可以找出「個人首頁」或「社群網站」等資訊，而其中「社群網站」又可以再細分為「Twitter」和「Facebook」等。

假設你被問到「要如何改善某企業的業績低迷狀態？」，你覺得自己能夠提出什麼樣的業績改善方案呢？

● 加強業務能力

- 開發新產品
- 擴大經銷通路
- 建立新事業
- 強化行銷策略
- 廣宣策略
- 提高舊客的回購率
- 降低成本
- 確立（或強化）企業品牌形象
- 培養人才
- 重整管理層
- 改善企業體質
- 財務系統健全化
- 媒體宣傳策略
- 與其他企業合作

・尋求顧問協助

以上列出的幾點，都算是「抽象的」改善方案。就算我們提出「應該要培養人才」的意見，對方也無法理解具體應該怎麼執行。

也就是說，為了讓培養人才這件事能夠付諸實行，我們必須將此抽象概念分解為具體方案（具體資訊），進一步說明應該要以哪些方法來培養人才。

想當然耳，要在職場上提出具體資訊，我們必須擁有相應的經驗值才行。有些人就算工作經驗很豐富，可能也無法馬上舉出具體資訊，這是因為這些人平常並沒有在腦中反覆轉換「抽象資訊⇕具體資訊」的習慣。

例如我們問「魚有哪些種類？」，你應該可以回答出「鮪魚」、「鮭魚」、「鯖魚」、「鯛魚」等魚種吧？這時「魚」是「抽象資訊」，而「各式魚種」則是「具體資訊」。如果將題目換成「蔬菜」或「運動」，你應該也都能舉出幾種具體項目吧？

我們可以透過上述這種類似於聯想遊戲的練習方式，使自己習慣轉換「抽象資訊⇳具體資訊」的思考方式。

最重要的是，你應該先培養出隨時將自己經常談到的主題在「抽象資訊⇳具體資訊」間反覆轉換的能力。

包括金融界、貿易公司、服務業、大眾媒體、製造業、教育界、餐飲業、公務員等，各行各業中都有「抽象資訊」和「具體資訊」。**請在平時就養成思考「比〇〇更高階的『抽象資訊』是什麼？」「比〇〇更低階的『具體資訊』是什麼？」的習慣。**

習慣「抽象資訊⇳具體資訊」之後，你的資訊網涵蓋範圍會更廣闊，這樣就自然容易做出「好摘要」了。

摘要書籍等文書內容的方法

從書籍、各種商用文書、行政文書等文本收集資訊時，必須先將「目次」看過一遍。目次正是能明確表現出文本內容的終極摘要。

例如有一本書有五個章節，看過目次後，你就能大概掌握每一個章節分別包含什麼內容，也就是說，可以只挑自己需要的部分閱讀。

假設你讀過目次後，對第三章內容有興趣，你可能只需要讀第三章，就能掌握所需的資訊。如果讀完第三章覺得不太夠的話，也可以按照重要性順序閱讀其他章節。

不過你判斷「好像不太必要」的章節，也可能包含有用的資訊。你在閱覽這些章節或內容時，可以注意「小標」或反覆出現的關鍵字等，快速、大略的翻閱內容（沒有必要精讀）。

快速翻閱時如果有看到感覺「這部分好像該讀一下」的地方，再重點式的閱讀那一段就好。

請一定要避免「絕對要認真從第一頁讀到最後一頁」的執念，這樣的閱讀方式會降低收集資訊的效率。

摘要過程從收集資訊的階段就已經開始了。在收集資訊時先明確篩選出資訊是否要保留，才能減輕之後進行摘要時的負擔。

第三章

步驟②整理資訊
——將資訊分類

1 用「分類」讓資訊整理更有效率

從理想目標往回推並整理資訊

學會收集高品質資訊後，接下來我們要進入摘要的第二步驟「整理資訊」。

在整理資訊時，並不是想怎麼整理就怎麼整理。因為摘要的最終目標是要藉由輸出（發言、書寫），將對對方有價值的資訊傳達給對方，我們必須從這個最終目標開始往回推，找出適合的資訊整理方式。

假設你被公司外派到M公司進行支援半年，外派結束後，要跟上司報告這半年的狀況。

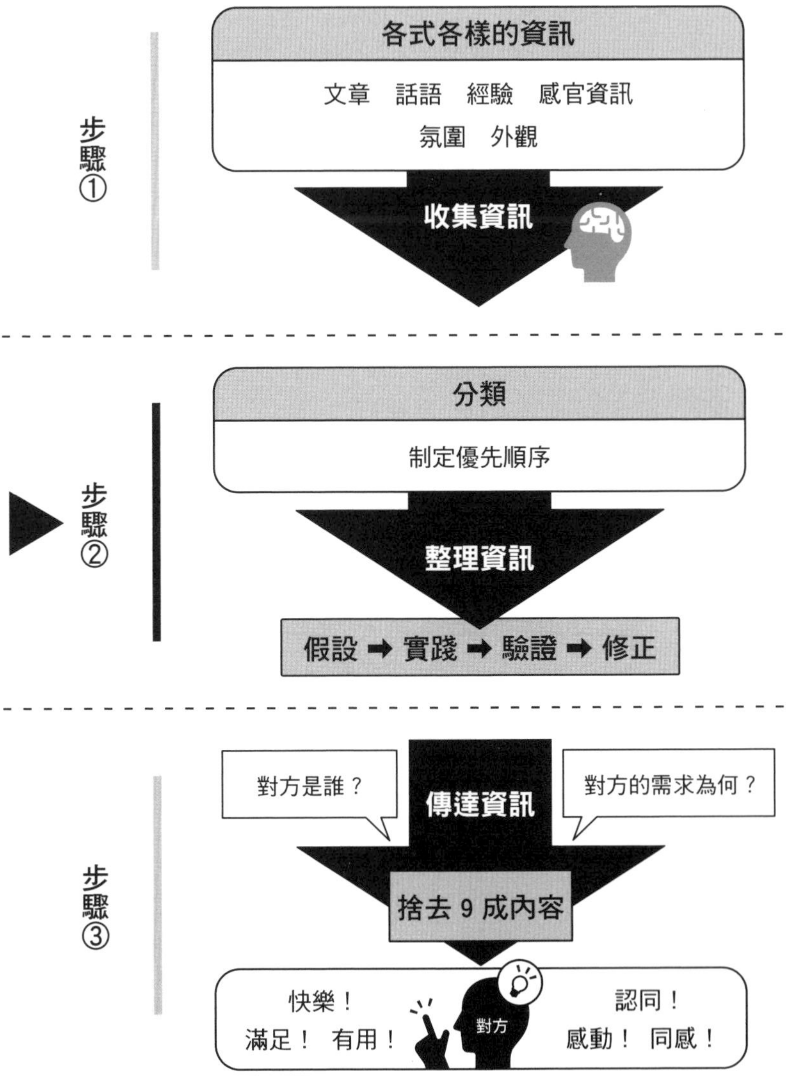
步驟①
各式各樣的資訊
文章　話語　經驗　感官資訊
氛圍　外觀
收集資訊
步驟②
分類
制定優先順序
整理資訊
假設 ➡ 實踐 ➡ 驗證 ➡ 修正
步驟③
對方是誰？
傳達資訊
對方的需求為何？
捨去 9 成內容
快樂！
滿足！　有用！
對方
認同！
感動！　同感！

一開始覺得部門內同事不太好溝通。也不是說M公司氣氛不佳，不過感覺部門間溝通比較不順暢……也因為這樣，有時無法隨心所欲地提出想做的事——**想到什麼就說什麼。**

如果你打算這樣說，上司大概會打斷你，吐槽說：「我不想聽你的日記，告訴我工作成果就好」吧？「摘要力」低的人比較容易做出這種報告。

而摘要力高的人，會懂得思考上司希望聽到的報告是什麼樣子，先找出理想目標後，再整理自己擁有的資訊。

從「上司想聽到的報告」往回推進行資訊整理

想聽到的報告①……M公司遇到的問題

想聽到的報告②……（外派員工）在M公司執行的問題解決策略

想聽到的報告③……將解決策略付諸實行後得到的效果（變化）

像上面這樣，因應上司需求「為資訊分類→設定資訊①至③的優先順序」，就能做出容易讓上司認可的報告了。

> M公司主要有A和B兩項大問題【①】。我以◎◎方法解決問題A【②】，半年後成功使營業額上升△%【③】。
> 另外我採用□□方式來解決問題B【②】，同樣在半年後得到◇◇的成果【③】。

此篇報告的每一句話都是上司想知道的資訊，跟剛剛的報告範例截然不同，發表時也採用了對方比較容易理解的方式來安排每一個資訊的先後順序。

上述報告後面如果能再加上「外派半年學習到的經驗」和「M公司值得學習的部分」等資訊的話，說不定能讓上司更滿意，因為這兩項資訊在上司想聽到的資訊中，可能會排在第四和第五順位。

不管你在外派單位中是否有做出成果，如果沒辦法把摘要以淺顯易懂的方式告訴上司的話，上司可能在心中就已經默默為你這次外派打上不及格分。

為了避免這種狀況，就要預先掌握對方的需求，妥善整理好手上資訊。

外派報告資訊的「分類」和「優先順序」

- M公司值得學習的部分　↓優先順序5
- 外派半年學習到的經驗　↓優先順序4
- M公司遇到的問題　↓優先順序1
- （外派員工）在M公司執行的問題解決策略　↓優先順序2
- 將解決策略付諸實行後得到的效果（變化）　↓優先順序3

利用「具體分類思考」來徹底整理資訊

在整理資訊的過程中最重要的就是「將資訊分類」。你可以將這個動作想像成，為了能隨時拿出最適合的資訊，分別為不同資訊加上標籤，將它們歸類到各自適合的分類中。

舉個例子來說，辦公桌上的資料是否也有分類呢？

你應該也有將工作資料分為「公司內部文件」、「對外資料」、「不同專案的資料」或「客戶資料」等不同類別，各自歸類在不同文件夾內吧？

如果桌上有客戶資料，你甚至還可能會將它們按照開頭字母順序排整齊，方便隨時拿取。

如果沒有將這些資料分門別類，你在找資料的時候就會遇到很花時間、很麻煩、找不到資料等問題。如果資料沒有妥善分類，就會降低工作效率與生產力。

我們腦中的資訊跟桌上的文件一樣，必須好好整理、分類，並將相近資訊集中擺放。

腦中資訊散亂的人（「摘要力」弱的人）無法從腦中提取出所需資訊。這種人會將自己根本沒搞懂或錯誤的資訊提供給別人，造成對方困擾。

而腦中資訊井然有序的人（「摘要力」強的人）每次都能從大腦中抓出對方所需的資訊。這種人能獲得對方的歡心，並得到對方的「感謝」、「喜愛」和「信賴」。

假設A先生找了一位稍微懂車的人，問他：「我想要買一台車，你覺得哪一種車比較好啊？」

由於A先生是第一次買車，而且還說自己完全不懂車，所以我們只要觀察對方對A先生說的話，就能清楚看出這個人擅不擅長做摘要。

「摘要力」弱的人提供的建議可能會是：「好車有很多啊，例如○○跟△△都不錯。你可以買自己喜歡的車。」

這裡提到的○○跟△△之間毫無關聯，就是發話者自己喜歡的兩個車款而已。這樣的建議對於完全不懂車的A先生來說非常不親切。

「摘要力」強的人會先引導出對方的需求（本例中即「A先生希望這部車子有什麼功

能？」），再將手上的汽車資訊分為「性質相似的幾個種類」。

為了讓不懂車的A先生也能理解「選車基準」，可以先將手中資訊按「車型」做分類。

按照車型分類之範例

- 轎車
- 旅行車
- 休旅車
- SUV（運動型休旅車）
- 小型轎車
- 輕型車
- 跑車

若你能在腦中將車子分為上述種類，大概就能夠做出高品質的輸出了。

假設A先生希望「車內空間跟行李箱完全隔開」，就選「轎車」；希望有三排座椅，能坐六人以上，就選「休旅車」；注重機動性和經濟性的話（燃料費用與牌照稅較低廉）就選擇「輕型車」。

或者在詢問A先生需求的時候，他有提到自己「喜歡戶外活動」，也可以推薦有越野功能（4WD）的SUV車款。

在隨機被問到意見的狀況下，如果你能考量A先生提的需求，最終告訴他：「我覺得休旅車最適合你」的話，就算及格了。

接下來我們來談談，當你手上除了「車型種類」之外還有其他車子詳細資訊的狀況。你確定A先生對休旅車有興趣之後，就可以進入「更具體的摘要」。這次你要找出哪一款休旅車最適合A先生，所以要將休旅車再細分為不同種類。

按照休旅車車型分類之範例

- 高級休旅車

- 家庭式休旅車
- 小型休旅車

如果對方預算充沛，希望有大引擎、奢華感內裝，或追求特定品牌的話，就非常適合「高級休旅車」。

而碰到預算有限者，或者比起大引擎、豪華內裝，更追求車子的操控性和CP值的人，就可以推薦他購買「小型休旅車」。

假如A先生對小型休旅車很有興趣，最後你還可以將不同品牌推出的小型休旅車拿來相互比較。

這時（如果你手中有資訊的話）也可以對A先生分析一下不同車種間內裝上或設備上有什麼差異。

休旅車內裝與裝備的差異範例

- 車門是「側開門」或「滑門」

- 座椅「可折疊」或「不可折疊」
- 座椅「可完全打平」或「不可完全打平」
- 是否有低底盤設計（方便上下車）
- 是否為油電混合車

假如你對車子已經有這麼詳細的瞭解，就已經是業務等級了。

我把這種將較小資訊歸類成幾個較大類別的思考模式稱作「具體分類思考」。只要學會了這種思考模式，你就能隨時找到所需資訊。

這個道理跟你辦公桌上「整理過的資料」一模一樣。我們在查找腦中資訊的順序即是先從分為不同大類的資料群中找出正確的類別，再抓出裡面更細的分類。

能將資料整理得井然有序，除了「分成大類」之外還會「再細分成較小類別」的人，可以如同「在搜尋列打入關鍵字」一般，只要按下查詢鍵（＝對大腦下指令）就能從腦中

❖分門別類整理好的物品比較容易找到

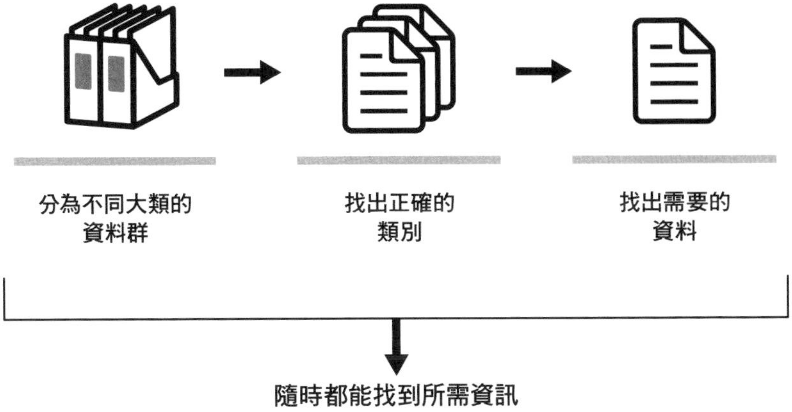

提取出所需資料。

為了讓我們可以在向大腦下達「我想要○○資訊」的指令後就馬上找出所需資訊，我們平時就必須以具體分類思考來整理腦中資訊。

另外，若想強化「具體分類思考」能力，平常就要刻意為日常中所有事物作分類。

例如你可以試著將過去曾看過的所有電影按電影類別來分類。只要在腦內建立不同電影種類的資料夾，如動作片、喜劇片、科幻片、青春電影、人性劇情片、奇幻片、恐怖片、懸疑片、音樂劇、愛情片、犯罪片、紀錄片、戰爭片、歷史片等，並在每次看完電影後，將該部電影放進適合的資料夾即可。

不用把它想得太難，當你意識到要分類時，就已經完成分類了。當你注意到「小偷家族是人性劇情片」的瞬間，就已經幫它分好類了（把分類「說出來或寫出來」能更強化這個分類記憶）。

如果你的首要目標還是想提升工作上的摘要力的話，也可以先從跟工作有關的資訊開始進行分類。

2 為資訊安排「優先順序」

❶在「具體分類思考」的同時也要訓練「優先順序思考」

進行「具體分類思考」的同時，我希望你也能鍛鍊自己的「優先順序思考」能力。

「優先順序思考」指的是為資訊設定先後順序，簡而言之就是選擇「臨死前最想說的話！」的動作。

當我們要從已經分類好的資訊中挑出所需資訊時，會為這些資訊制定先後順序。

例如有個人想減肥，卻好像沒有戒掉拉麵、義大利麵、麵包等含醣量高的食物時，你可以提出「稍微減少醣類攝取吧」或「有很多人進行無麩質飲食之後就瘦下來了喔」等建議。

然而，無法選擇資訊優先順序的人，或說話不經思考的人，可能會給出一些失焦的建議，如「可以去健身房看看」、「血液阻斷訓練法好像不錯」、「我固定去做汗蒸浴之後瘦了三公斤」等等。

上述建議也不能說完全不對，不過對於一個有可能攝取過多醣類的人來說，並不是最理想的建議。在提供資訊的優先順序上，「限制醣類攝取」和「無麩質飲食」是就算割捨掉其他九成內容，也不能不提的重要資訊，應該排在前面才對。在範例情況下，這兩點即是「臨死前最想說的話！」。

當然，如果有必要，可以在「臨死前最想說的話！」的後面，按照優先順序來提供其他資訊。

例如「減少攝取麵粉類製品的同時，可以結合深蹲來強化下半身肌肉。人體的肌肉幾乎都位於下半身，強化下身肌肉有利於提高新陳代謝。」

接著，若你觀察對方的反應，覺得「還可以再多說一點」的話，可以再提「也可以吃吃看維生素B_1等營養補充品喔！」

上述的建議是按照下列優先順序提出的。有氧運動（健走）的優先順序排在第四位，指這項資訊在對方還能繼續往下聽的時候再提即可。

- 優先順序1……調整飲食→降低麵粉攝取／無麩質飲食
- 優先順序2……肌力訓練→深蹲
- 優先順序3……營養補充品→維生素B_1
- 優先順序4……有氧運動→健走

這種為分類好的資訊安排優先順序的動作，在摘要過程中極其重要。換言之，可以說如果沒有經過「分組→制定優先順序」的過程，是不可能給出讓對方滿意的資訊的。

同時具備能將資訊妥善整理的「具體分類思考能力」和去除九成不必要資訊的「優先

順序思考能力」的人，才能隨時滿足對方的需求。

若想提高這兩項能力，我建議可以藉由提高平時做選擇與決策的速度來做訓練。因為進行「選擇」與「決策」的過程中，多多少少都需要用到「具體分類思考能力」和「優先順序思考能力」。

不管是加快在餐廳裡選擇餐點的速度，或被人邀約時的考慮時間都好，刻意在進行「選擇」或「決斷」時加上時間壓力，將有助於強化自己的摘要能力。

【案例】如何摘要客訴內容？

假設你在公司裡接到客戶打電話來說「印表機出問題」，以下是你跟客戶的對話內容。

你：「您好，是澀谷區的IAN咖啡對嗎？請問有遇到什麼狀況嗎？」

客戶：「印表機好像故障了。換了墨水印出來的東西還是深淺不一，完全不能用。因為我們店裡每天都要印菜單，現在變成這樣很麻煩耶。我們把黑色、藍色、紅色、黃色墨水全部都換過一遍了，但還是一樣。」

你：「請問您的墨水匣是使用本公司的原廠墨水匣嗎？」

客戶：「對。我們一直都只用原廠墨水匣。」

你：「不好意思造成您的不便。請問您的印表機機型是什麼呢？」

客戶：「我看一下……是T322PRO。生產編號是998080。不只顏色深淺不一，印出來的東西上還有許多一公分左右寬的白色橫線。菜單上有這些橫線就完全不能用了啊。之前都沒發生過這種事。」

你：「我瞭解了。請問您有試過自動清潔噴頭功能了嗎？」

客戶：「我試很多次了，不過還是沒用啊。我在裝墨水匣的時候也有把上面的膠帶先撕掉了。我希望今天之內能修好，你們能派人來嗎？」

你：「請稍等一下，我跟修理部門的同事確認過後再撥給您好嗎？請問撥您當初登錄的店面電話可以嗎？」

客戶：「好，我等你回電。我叫遠藤。我們店晚上六點關門，我晚上七點一定要離開店裡，你們可以在晚上七點之前過來修嗎？」

你：「我瞭解您的狀況，不過可能還是要看修理部門的情況。也有可能要到明天才有辦法前去修理。」

客戶：「這樣有點麻煩耶。不然你最晚明天早上九點過來修可以嗎？我上午一定要印好菜單才行。」

你：「我瞭解了。不管怎麼樣，我會先跟修理部門確認後盡快連絡您。不好意思造成您的困擾，請您稍等一下。」

現在你要將剛剛的對話內容報告給修理部門的人聽。摘要力弱的人會這樣說：

摘要力弱的人的報告

剛剛接到澀谷區ＩＡＮ咖啡廳打來的電話，說印表機出問題了。對方有清理墨水噴頭，也有撕掉墨水匣的膠帶了，不過印出來的字好像還是深淺不一……總之他說希望我們今天晚上七點可以過去修理，客戶好像很慌張，

叫我們最晚明天早上九點一定要過去修。
然後他還說印出來的東西會出現一公分寬的橫線，這是最大的問題。

這種表達方式完全不及格，完全沒抓到重點。主要原因大概在於這個人沒有將對話內的資訊做分類。

上述內容裡最重要的資訊應為印表機問題，但「文字深淺不一」跟「出現一公分寬的橫線」兩項資訊卻相隔遙遠，而且完全沒有提到同樣重要的「四個顏色的墨水匣都換過了」的部分。

反倒是「客戶好像很慌張」這件事對修理部門的人來說並非必要資訊（也不懂發話者想表達什麼）。另外「總之他說希望……」還有「不過好像還是……」這種太冗長的用語也會讓發言聽起來拖宕沒重點。

最後提到「這是最大的問題」，這點並非「事實」而是「個人見解」。發言時會將自己的「見解」當作「事實」闡述的人，必須在摘要前先學會如何分辨「事實和見解」。

能夠善用「具體分類思考＋優先順序思考」的人，就能夠以電話中的對談為基礎，做出適當的匯報內容。以下是將得到的資訊分類後的結果。

①印表機的問題

・印出來的字深淺不一

・有一公分寬的白線

②印表機的用途

・每天都要印店裡的菜單，沒辦法印菜單會很麻煩

③印表機的機種

・T322PRO，生產編號為98080

④客戶嘗試過的解決方式

- 四個顏色的墨水匣（原廠墨水）都換過了
- 試過噴頭清潔功能
- 有先撕掉墨水匣的膠帶才裝上去

⑤客戶提出的修理需求

- 希望今晚七點前能過去修理（客戶晚上七點後要離開店裡）
- 最晚明天早上九點要過去

⑥客戶的聯絡方式

- 登錄在客戶資訊中的公司電話

我們在收集完資訊後，必須費心像這樣將片段資訊分成不同類別。**【具體分類思考】**

分類完之後，為了要將資訊輸出給他人，我們必須設定優先順序。**【優先順序思考】**

・優先順序1……③印表機的機種→T322PRO
・優先順序2……①印表機的問題→印出來的字深淺不一／有一公分寬的白線
・優先順序3……④客戶採取過的解決方式→四個顏色的墨水匣（原廠墨水）都換過了／試過噴頭清潔功能／有先撕掉墨水匣的膠帶才裝上去
・優先順序4……⑤客戶提出的修理需求→希望今晚七點前能過去修理（客戶晚上七點後要離開店裡）／最晚明天早上九點要過去

我認為不用放進報告裡的資訊是「②印表機的用途」和「⑥客戶的聯絡方式」。因為這是對修理人員來說最不重要的資訊。

我們像這樣一面注意「轉換抽象資訊和具體資訊」，一面幫資訊分類，並明確訂出優先順序後，就能夠有效率的輸出（發言或書寫）了。

摘要力強的人的報告

剛剛接到渋谷區ＩＡＮ咖啡廳打來的電話，說印表機出問題了。

客戶說雖然墨水匣的四個顏色都有換過，用的也是原廠墨水，但印出來的字深淺不一，還會出現許多一公分寬的白色橫線。

客戶有試過噴頭清潔功能，也有將墨水匣上的膠帶撕掉。

對方希望我們今天二十二號晚上七點之前可以修好。

如果時間無法配合，希望最晚明天二十三號早上九點要到店裡修理。

很明顯能看出這個報告跟上一篇報告的差別，這篇報告沒有不必要的資訊，重點也很明確，優先順序最高的「印表機問題」和「客戶採取過的解決方法」全都有詳細列出，也有加上客戶希望的修理時間。

「摘要力」強的人，因為不容易犯錯和失誤，在他人眼中會成為「能讓自己的工作順利進行，值得感謝的存在」。這種人備受周邊同事歡迎也是理所當然的。

摘要的資訊是活的，所以要不斷更新

我們必須讓儲存在腦中的資訊保持隨時更新的狀態。

尤其在快速變化的現代社會，資訊會以極快的速度變得陳腐老舊，其保存期限也越來越短。

假設有一個資訊Y，當世界上出現一個資訊Y的衍生資訊時，資訊Y就已經不再是原有的資訊Y了，因為資訊是活的，隨時都在變化和進化。

若你的發言或文字是基於已經過期的資訊，他人很有可能會覺得你「跟不上時代」、「證據性不足」。

有些資訊只要稍微沒那麼新，就無法得到預期效果或成果。

假設你以相同條件嘗試採用了一個五年前執行時非常成功的行銷手法A，結果這次跟五年前比起來只有三分之一的效果（這種事很常見）。

這時「摘要力」強的人應該會改變自己對行銷手法A的評價吧？

我們可以將此行銷手法當作「過去的行銷方式」，從此封印起來再也不用，也可以針對本次成果進行驗證、分析，將該手法升級為「行銷手法A2.0」後再試用看看，這是處理資訊的正確方式。因為「這個手法五年前有成功」就固守原有的信賴和評價是非常危險的行為，在你刻意忽略最新成效（＝最新資訊）的瞬間，你就已經偏離了摘要的正確軌道。

能意識到「資訊是活著的」的人，會用以下步驟來審視自己擁有的每一項資訊。

步驟①……建立一個能檢測該資訊是否有效的假設
步驟②……實踐①的假設
步驟③……驗證②的實驗結果
步驟④……根據③的結果修正自己的資訊

像這樣反覆進行「假設↓實踐↓驗證↓修正」的流程，就能夠隨時更新資訊，並維持或提高手上的資訊品質。最終，資訊的「可信度」也會上升。

第四章

步驟③表達資訊——簡潔的傳達給對方

1 「說太多」或「說不夠」對方都聽不懂

有能力的人說話時不會說得太多或太少

收集和整理完資訊後，摘要的最後一個步驟是「傳達資訊」，也就是「告訴別人」，不過這個「告訴別人」其實遠比看起來複雜，很多人並不擅長這件事。

好不容易都得到高品質的資訊並將其整理妥善了，要是在最後一個步驟搞砸真的是非常可惜。

不擅長傳達資訊的人有兩大特徵，就是「說太多」和「說不夠」。

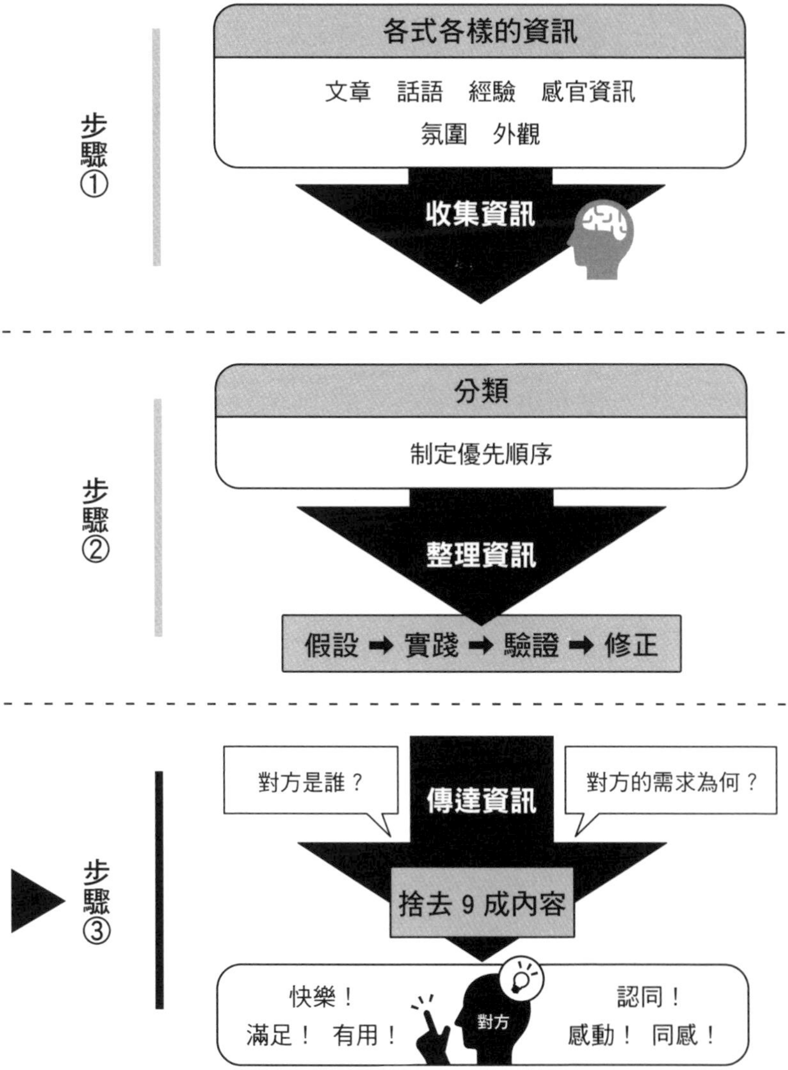
步驟①
各式各樣的資訊
文章　話語　經驗　感官資訊
氛圍　外觀
收集資訊
步驟②
分類
制定優先順序
整理資訊
假設 ➡ 實踐 ➡ 驗證 ➡ 修正
步驟③
對方是誰？
傳達資訊
對方的需求為何？
捨去 9 成內容
快樂！
滿足！　有用！
對方
認同！
感動！　同感！

「說太多」的人等於是在浪費對方的時間。

如果你經常聽到別人說「我知道了，所以重點是？」「然後結論是什麼？」「先不談這個，你不說重點嗎？」的話，就要意識到自己是浪費他人時間的「說太多派」。

這類型的人必須下定決心，除了「臨死前最想說的話！」以外絕對不說其他內容。另外，為了不說太多廢話，也必須提高資訊整理（也就是將資訊分類並制定優先順序）的品質，讓腦內保持乾淨整齊的狀態。

腦內資訊一旦經過整理，你就能更容易決定出「臨死前最想說的話！」，對自己說出來的話應該也會更有自信。

另一方面，「說太少」的人則錯在沒能提供對方所需資訊。

如果你常常被反問「嗯？什麼意思？」「什麼東西？」「剛剛是在講誰？」「你是在講什麼時候的事？」「可以說得更具體一點嗎？」的話，就很有可能是「說太少派」的一員。

這類型的人容易在說話時省略掉「前提」、「大綱」、「主詞」或「受詞」，導致對方難以理解。也有很多人是只顧著注意自己，而忘了確認「對方有沒有聽懂」。

如果你覺得自己有可能是「說太少派」的話，除了要拋棄「對方能聽懂」這種不切實際的期待之外，也要隨時注意在對話中確實加入「主詞」和「受詞」。

❶去掉「囉嗦的開場白」！

在職場上嚴禁使用囉嗦開場白。因為對方想要的絕對不是開場白，而是能推進工作進度，或能為工作帶來成果的必要資訊。

辻課長：「堀，大阪怎麼樣啊？」
堀先生：「啊，喔，沒什麼問題……」
辻課長：「有什麼成果嗎？」
堀先生：「嗯，我一開始先去了A公司的總公司，然後又去拜訪B企業跟C貿易公司。雖然有先跟D系統公司約好要碰面，不過當天收到對方通知說要取消……雖然很可惜，不過下個月還有機會去神戶，所以我可能下次……」
辻課長：「所以有什麼成果嗎？」

你如果用堀先生這種方式說話，極有可能讓旁人全都傻眼。辻課長問的「大阪怎麼樣？」的意思是「你在大阪有沒有什麼成果？」才對。

不過堀先生完全沒有提到出差成果，只報告了他一整天的行動，說真的，這些內容對辻課長來說根本一點都不重要。

對商務人士而言，不管是「無法理解問題的本質」或「無法正確回答問題」都是致命的缺點。前者是收集資訊的能力低落，後者則是表達資訊的能力低落。在面對客戶或合作夥伴時，這些缺點可能會導致客訴問題或失去對方信任。

辻課長：「堀，大阪怎麼樣啊？」
堀先生：「這次訪問了三家公司，其中B企業和C貿易公司都表現出極高興趣，近期會找個時間讓我們過去做詳細簡報。A公司說想要更詳細的商品資料，我這星期會處理這個部分。之後如果有需要，他們也會提供簡報的機會。」

辻課長：「好，辛苦啦。後續也麻煩你處理了。」

上面的範例沒有冗長開場白，也有抓到辻課長問題的重點，並直接匯報最重要的資訊，即「在大阪取得的成果」。

如果辻課長追求更言簡意賅的答案，你說不定還可以更進一步針對上述內容做摘要，變成以下這樣：

堀先生：「這次訪問了三間公司。其中兩間願意提供我們詳細簡報的機會。剩下一間我目前正積極交涉中，希望對方也願意給我們機會做進一步簡報。」

此範例中省略掉具體公司名稱，將整體內容壓縮得更簡潔（抽象程度也稍微提高了一點）。

應該摘要到什麼程度，端看辻課長希望得到什麼程度的資訊，我們要依照對方需求，細心調整摘要內容的「多寡」和「具體或抽象程度」。

❹按照「主幹↓樹枝↓樹葉」的順序說話！

有些人在說話時習慣從事情的其中一小角，或枝微末節的瑣事開始說，這可能是因為對他們而言，「現在想講的東西」就是這一小角或這件瑣事。

不過聽他們說話的人無法馬上聽懂這些局部細節或瑣事，如果聽話者對發話者所說的內容沒有任何背景知識的話，就完全跟不上發話者講的內容。

人在聽取資訊時最需要先知道的是整體架構。例如有個朋友對你說了這樣的話：

對話範例①

朋友：「喔對，銀行那邊核可了。我真是鬆了一口氣。最近銀行都變得很嚴格，我超緊張的。幸好負責人人很好，很努力幫我爭取。」

你完全不懂朋友到底在講什麼，終於忍不住打斷他問道：

你：「你是在說什麼事情啊？」
朋友：「喔，就我覺得現在的房子太小了，所以我到處在找。」
你：「找什麼？房子嗎？」
朋友：「對啊，我找到一間在調布市的新公寓。」
你：「原來如此。喔，所以是銀行願意讓你貸款的意思……是嗎？」
朋友：「對啊！」

整段對話中朋友看起來都非常開心，不過他好像完全疏忽自己沒有好好把想說的事表達出來。就算你問他：「你是在說什麼事？」他也只回說：「就我覺得現在的房子太小了。」依然沒說出整件事情。

這個朋友大概沒注意到，他應該要先把大主題「買公寓」和「跟銀行貸款」放在最前面說，可見他完全沒有意識到應該要先找出「臨死前最想說的話！」。

人要表達某件事的時候，基本應該以「主幹→樹枝→樹葉」的順序說明。「主幹」指的是整體架構，也就是「臨死前最想說的話！」，「樹枝和樹葉」則是比「主幹」更具體的詳細資訊。

- 主幹……要買公寓／跟銀行貸款
- 樹枝……擔心現在銀行貸款審核很嚴格
- 樹葉……負責人努力幫我爭取／鬆了一口氣

對話範例②

朋友：「對了，我決定要買調布市的一間新公寓。今天銀行通過我的貸款申請了。」

你：「哇！恭喜你！」

朋友：「謝謝。最近銀行對申請貸款的審核很嚴格，我原本超擔心的，現在總算鬆了一口氣。銀行的負責人人超好，他很努力幫我申請。」

你：「太好了！」

如果朋友像這樣，在對話的一開始先講「主幹＝『臨死前最想說的話！』」，再按照「樹枝↓樹葉」的順序往下說，就非常容易理解。

比起讓人抓不到重點的「對話範例①」，「對話範例②」可以說是踏實穩重的表達方式。換句話說，在說明時確實掌握該將「什麼內容」以「什麼順序」表達出來，是非常重要的。

日本搞笑藝人松本人志所主持的知名節目「不冷場的故事」（すべらない話）中，登場的藝人幾乎都一開口就直接開始述說一段具體的特定事件。簡單來說，他們是用「講故事」的方式在敘述。

❖按照「主幹→樹枝→樹葉」的順序說話

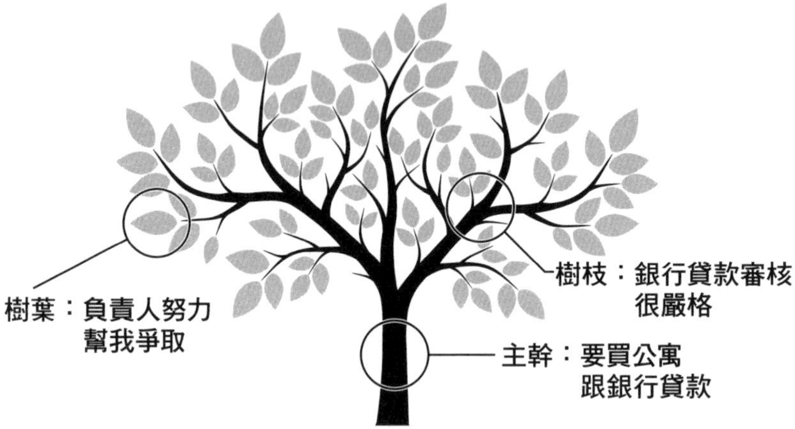
樹枝：銀行貸款審核
很嚴格
樹葉：負責人努力
幫我爭取
主幹：要買公寓
跟銀行貸款

不過大家之所以可以接受這樣的說故事形式，是因為這些藝人一定會在最後放搞笑的哽，而觀眾也在期待「結局會埋什麼哽？」「這個故事到底有多好笑？」藝人們也都通曉某些「話術」，就算從事件的某個枝微末節開始說明故事，他們也不會讓觀眾覺得無聊。

而在職場上，幾乎沒有可以讓你這樣分享自己小故事的場合，唯一的機會可能是在聚會上飲酒作樂時，你才能隨興分享一些小故事來炒熱場面吧。

2 用「一句話」簡單說明的具體技巧

❶訓練能迅速以「一句話」描述整體及結論的技巧

要提高自己對「臨死前最想說的話！」的意識，在平常生活中就可以練習用「一句話」表現自己的想法，並把它慢慢變成一種習慣。

- 你的公司有什麼魅力點？
- 對你來說最重要的價值觀是什麼？
- 日本這個國家的優點在哪裡？

・對你而言金錢是什麼？

用什麼樣的問題來練習都可以，重點是只能用「一句話」來回答問題。不管什麼事情，都可以被高度濃縮成「臨死前最想說的話！」，而用「一句話」來表達想說的事，其實就是要你說出這件事的「重點」。**只要養成用「一句話」表達所有事情的習慣，你就能夠隨時掌握事物的重點核心。**

「一句話說重點」是一種「抽象化思考」的行為，剛好跟我們前一章提到的「具體分類思考」相反。

假設我們遇到的問題是「你的公司有什麼魅力點？」，你的回答可能如下。

・對客戶積極熱情
・客戶滿意度及忠誠度高
・同事間會相互幫忙，「共同奮鬥」的風氣非常讓人喜歡

・福利制度相當好

上面提到的幾點都是「個別魅力點」（具體資訊）。假設要將上述這些片段資訊摘要成「一句話」來表現，就必須將具體資訊統整起來，用抽象化的語言表達。這時將資訊抽象化的動作，也可以說是一種萃取事物本質的行為。

・對顧客和員工都很友善體貼的公司

這就是一個合格的抽象化統整。

在生活中實際碰到這種問題時，我們要注意自己只能提「臨死前最想說的話！」，告訴對方「我們是一間對顧客和員工皆友善的公司」。

假設可以多說一點，你再提供一些「具體資訊」，如「服務面上，本公司非常重視對客戶的積極態度，客戶的滿意度及忠誠度皆相當高。另外，同事間時常互相幫忙，『共同奮鬥成長』的風氣非常讓人喜歡，而且公司的福利制度也很好。」這也是「主幹→樹枝和樹葉」的表達技巧。

不管手中的資料份量有多少，擅長摘要的人都可以用「一句話」來表達該資料的重點；不管是什麼樣的企劃，擅長表達的人也都能用「一句話」形容該企劃的主旨。

假設你的上司問：「這專案的目標是什麼？」你卻回答：「近年來女性的生活模式變得越來越多樣化……」，接著滔滔不絕描述專案背景，那麼你就出局了。

而如果你能回答：「本專案希望提高四十多歲家庭主婦對本品牌的認知度」，直接點出「臨死前最想說的話！」上司應該也會對你刮目相看。

如果需要進一步介紹專案細項，可以在「一句話重點」之後慢慢補充說明。

當然有時候也會遇到無法用「一句話」說完整件事的情況，遇到這種狀況，還是要避免直接開始說明事件背景或細項，請先告知對方：「事情有點複雜，我一邊整理（制定先後順序），一邊跟你說。」讓對方能先有心理準備。

對方有心理準備的話，會比較放心，也更容易專心聽你後面的內容（但注意不要劈哩啪啦說一大堆前提）。

順帶一提，剛剛這句話也是用「一句話」就表現出了「自己還沒整理好怎麼表達資訊」的狀態，是很優秀的摘要表達範例。

❶用「主題＋結論優先型」做說明

以下要介紹幾種能用在公司內資訊匯報、簡報，甚至是演講等各種商務場合的論述範本。第一個是「主題＋結論優先型」。

主題＋結論優先型

①主題（現在要說的內容整體大綱）
②結論（你想要表達的重點「臨死前最想說的話！」）
③理由（得到此結論的理由）
④細項（跟結論有關的細項）

按照上述①至④的順序說明整件事，聽的人會更容易理解內容。

以下範例中，員工正在向上司說明新型多功能商務包「Smart Business」的電視廣告內容。

員工A（說話前不考慮結構）

最近SPACE氣泡水大受歡迎，我自己也相當喜歡此商品，還滿常喝的。近期礦泉水產品整體銷售額都在下滑，不過此商品自推出之後銷售額卻是不斷上升。這款飲料喝起來清爽暢快，讓人停不下來，喔然後雖然只是我個人的想法而已，我在想此商品跟我們家的「Smart Business」商務包產品不是滿搭的嗎？啊對，而且這個氣泡水也會讓人有飽足感，很適合工作間來不及吃午餐的時候喝……

員工B（採用「主題＋結論優先型」結構）

課長，關於「Smart Business」商務包產品的電視廣告，我想提一個企劃

案。【①主題】

我們或許可以跟C公司的人氣產品「SPACE氣泡水」談合作。【②結論】

這款「SPACE氣泡水」的主要受眾為高知識商務人士，並且相當受受眾歡迎。我認為「SPACE氣泡水」如果可以跟「Smart Business」商務包一起出鏡，可以直接打中我們的目標客群。【③理由】

具體廣告內容的部分，我覺得可以拍男主角打開「Smart Business」商務包準備拿出筆記型電腦時，鏡頭帶到包包裡的「SPACE氣泡水」。或者可以讓男主角右手提「Smart Business」商務包，左手拿「SPACE氣泡水」，瀟灑帥氣走在丸之內的辦公大樓間。【④細項】

A完全不考慮話題走向，只是把自己想講的東西全都丟出來而已，因為A自己無法掌握內容重點，所以聽的人應該會滿頭問號。這種提案內容就算被上司吐槽「到底想表達什麼？」也不奇怪。

而採用「主題＋結論優先型」架構的B所做的提案思緒清晰，容易獲得他人認同，更重要的是，他有確實說明自己認為這支廣告應該包含什麼內容。

這個範本最重視的是「①主題」和「②結論」的部分。一開頭就先說明「主題為何」、「結論為何」的話，對方就能夠掌握內容大致輪廓。此處的①跟②就是「主幹→樹枝→樹葉」中的「主幹」部分。

對「②結論」而言，不可或缺的存在即是「③理由」。在結論後面補充說明合乎邏輯的理由，可確保發言內容的合理性，增添結論的說服力。這就是「主幹→樹枝→樹葉」的「樹枝」部分。

最後相當於「樹葉」的部分是「④細項」。在「樹葉」部分，我們要補充說明具體內容、個人經驗或實際案例等，如果手上有相關資料或要補充的事項，也可以放在這個時候說明，相較於前面三項，這部分的內容比較可以自由發揮。

另外如果還想講得更深入一點，你可以陸續補充「細項1→細項2→細項3」。以剛剛B的提案內容為例，接下去就可以這樣講：

另外，男主角的最佳人選是曾在電視劇「〇〇〇」中飾演幹練業務員的佐伯健太郎。這名演員不只受女性歡迎，在男性觀眾間也頗有人氣，非常適合代言我們的產品。【細項2】

另外劇組部分，有一個年輕的影片製作團隊叫「Starfish」。我們目前考慮跟這個團隊的攝影師和導演合作。【細項3】

假設B是從細項部分開始報告的話會變什麼樣子呢？上司應該會完全抓不到重點，覺得一個頭兩個大吧？

很多擅長摘要的人不只在工作上會使用這種表達技巧，在日常生活中也會自然而然使用「主題＋結論優先型」架構來說明自己想說的內容。

今天午餐【主題】要不要去吃車站前面的山田定食？【結論】這間店今天好像在慶祝開幕五周年，所有套餐都只要五百日圓。【理由】而且他們的生薑豬肉套餐超級無敵好吃，【細項1】白飯跟味噌湯都可以無限續，剛好適合我們這種正值發育期的人啊！哈哈！【細項2】

這種乍看相當平凡的發言，其實也使用了「主題＋結論優先型」架構。說話經常偏離正題的人、內容支離破碎沒重點的人，或常被問「你到底想說什麼」的人，都可以試著養成平常就用「主題＋結論優先型」架構來說話的習慣。

❶用「列舉型」做說明

接下來是另一個在商務場合也非常好用的論述範本。這個範本叫「列舉型」，適合用在需要一次統整並表達多個資訊的狀況。

列舉型

①整體架構（有幾個重點？）
②列舉1（第一項重點）
③列舉2（第二項重點）
④列舉3（第三項重點）
⑤總結

「列舉型」架構最特別的地方在於要在話題一開始就先說明整件事的架構，這個架構中一定得包含要列出的重點數量，具體範例如下：

- 這個問題有兩種解決方法，第一種是……
- 要向您報告兩件事還有一項提案。我先報告第一件事……
- 對會員來說，本項服務有五個優點，第一點是……

以下範例中，員工正在會議中發表「新進員工研習時要集中住宿」的提案內容。

員工A（說話前不考慮結構）

進行員工研習時如果讓大家都住在一起的話，因為研習期間不能回家，對學生時代習慣熬夜或生活作息不規律的人應該滿有幫助的吧？共同生活也有助於大家互相切磋琢磨，還能拉近彼此之間的距離，並有效率的學習各種必備知識。而且因為研習的日程都是固定的，大家必須一起吃飯睡覺，還能讓他們養成早睡早起的習慣。在公司的會議室研習的話，會因為外界干擾導致學員分心。大家一起吃飯睡覺的話，不僅能拉近彼此感情，也會更有凝聚力。

員工B（採用「列舉型」結構）

進行員工研習時讓大家集中住在一起，有三個好處。【①整體架構】

第一點是能有效率的學習工作所需知識。在公司的會議室研習會因為外界干擾

導致學員分心。另外，讓學員每天都回家也會使他們集中力降低，導致無法專心學習。【②列舉1】

第二點是研習時能嚴格控制時程，讓學員保持規律生活。就算是學生時代生活作息不規律的人，也能養成正確的生活習慣。【③列舉2】

第三點是能加深同期員工之間的感情。因為大家一起吃飯睡覺，距離自然會被拉近，提高凝聚力，同時研習也能提供他們彼此互相幫助、互相切磋的機會。【④列舉3】

基於以上原因，我建議讓大家集中在一起研習。【⑤總結】

A的內容中雖然包含各項必要資訊，不過因為未經整理，感覺不太好懂。這是因為他沒有考慮這些資訊的先後順序，想怎麼講就怎麼講的關係。

而使用「列舉型」架構表達的B，開頭就先點出整體架構「有三個好處」，接著再分別提出各項內容。**對聆聽者來說，能在一開始就掌握整體架構，會獲得不少安心感。另外因為B在發表前早就把每一項重點先整理好了，因此不只容易理解，也不會造成對方負**

擔。

想當然，要在一開頭就點出架構，必須事先整理好要說的資訊。也就是必須先做「具體分類思考＋優先順序思考」，如果資訊未經整理，也就無法使用列舉型結構，最後說出來的話很可能變得散亂沒重點，且容易漏掉資訊或加入沒必要的雜訊。

另外，在提問或確認訊息時，也可以使用列舉型結構。

例如在確認事情前先點出「要跟您確認兩件事」，然後再說「第一件事情是……」，對方就比較能先做好回應的心理準備。

相反的，如果你問完一個問題之後又突然想到其他問題，再提說「還有一個問題要問……」，就有可能讓對方感到負擔。

列舉型結構雖然很方便，不過如果一次要列舉十個、十五個重點，還是會讓對方難以消化，而且每個重點也會相對被稀釋掉，難以使人印象深刻。

說話時大概抓三到五個重點，書寫時則最多列出七個重點為佳。

學會用列舉型結構表達意見後，周遭的人就會覺得你「很擅長整理資訊」、「工作能力很好」，也更容易獲得他人的信賴。建議你在表達訊息時，可以同時活用「列舉型」結構跟前面介紹的「主題＋結論優先型」結構來做說明。

3 若有增加具體性的關鍵字，就更能清楚表達

使用「數字」或「確切名詞」

「課長，明天的人數會稍微少一點，時間上該怎麼安排？」

這就是「摘要力」弱的人說出來的話。

明天到底有什麼事？

「稍微」是指多少人？

「時間上該怎麼安排」又是什麼意思？

完全聽不懂這個問句，被問問題的課長說不定還會發飆。

「課長，明天的業務強化會議將有兩名同仁缺席，總計五名員工參加。我們把時間訂在十一點到十一點半可以嗎？」

這樣具體說明內容，課長就不會暴怒了。這個問句跟前面的問句主要差別有以下兩點。

①補充「沒說清楚的部分」

②使用「數字」和「確切名詞」

只要掌握①跟②兩點，你就能大幅增加對方對資訊的掌握程度。

「離機場稍微有點距離」

↓

「搭計程車到羽田機場大概要花二十分鐘左右」

↓

「存放位置有變，可以協助配合嗎？」

↓

「公司內部刊物的存放位置從會議室A改為倉庫C。麻煩跟負責人聯絡一下。」

↓

「多少會有點損失」

↓

「最多約損失兩千萬日圓」

↓

「請盡早幫我送達」

↓

「希望能在六月三日（週五）中午前送達」

「本公司正快速邁向全球化」

←

「本公司只花了三年，就在東南亞等地區共九個國家導入了教育系統」

「有個問題如果不解決會很麻煩」

←

「如果不將群馬廠的稼動率提高百分之三十，就無法跟上產品供應速度」

很多不擅表達的人容易誤以為「我知道的事對方一定都知道」。在牽涉實務面的對話中，我們必須特別積極地補充可能沒說清楚的部分，並多使用數字與確切名詞。

不管你的摘要再怎麼精確，對方如果不能理解就沒有任何意義了。我們不能過度相信對方的能力（知識水準、理解力、想像力等），反而應該「稍微低估對方能力」才能做出

「剛剛好」的表達內容。

避免「對方沒聽懂」的確認方式

我們在表達內容時，必須要注意「對方是否有聽懂」。如果我們表達了想說的內容，對方卻沒有理解或理解錯誤，那麼很遺憾的，你的「表達」動作就失敗了。

要降低對方聽不懂的風險，其中一個方式就是「確認」。以下是確認範例：

- 請問上述內容有哪裡聽不懂嗎？
- 請問對○○還有不清楚的部分嗎？
- 到這裡有什麼問題嗎？
- 你有聽懂○○嗎？

業務：「這個樣品屋設有各種IoT智慧家電。我們預期之後會有越來越多房子採用這類設備。」

客戶聽了建商業務的這段話，卻沒聽懂「ＩｏＴ智慧家電」是什麼意思，表情因而略顯不悅。這時如果業務完全不理會，繼續說下去，客戶就會對這名業務感到有些不滿了。

世界上無時無刻都會出現這種溝通不良的狀況。

業務：「這個樣品屋設有各種ＩｏＴ智慧家電。請問您知道『ＩｏＴ智慧家電』嗎？」

如果業務有注意到對方表情轉變，且沒有忽略掉對方的求救訊號，及時詢問客戶的話，就能順利進行溝通。

客戶：「我不知道耶。」

業務：「『ＩｏＴ智慧家電』是指有連接網路的家電。例如有些智慧家電系統可以讓我們用手機取代傳統遙控器，隨時操控或管理家中的各個機器。」

像這樣在重點部分向對方確認是否理解內容，就能非常有效「確保對方懂自己說的話」。

詢問對方是否有聽懂，如果對方回答「不知道」「不太清楚」「我不太懂○○」「○○是什麼？」「我有個問題……」，你就可以依照對方問題提供適當的補充說明。

也要注意避免對方明明有聽懂，自己卻不斷向對方確認的狀況，這樣反而會把對方嚇跑。我們發言時除了要隨時注意對方說的話以外，也要觀察對方應和的樣子和非語言表達（表情、語調或態度）中隱藏的訊號。

❶回答問題時所需的「瞬間摘要力」

一般對話中偶爾也需要用到瞬間摘要力。

尤其是當對方問問題時，我們需要讓大腦高速運轉，做出「①收集資訊（掌握對方提問的目的）→②整理手中資訊→③表達資訊」的一連串行為。

面對面對談能測出一個人真正的摘要能力。以下為一位腰痛治療儀製造商的銷售業務與客戶的對話內容。

客戶：「使用這個電磁治療儀的時候，手是不是不能碰其他東西？」
銷售業務：「可以碰其他東西沒問題喔。」
客戶：「真的嗎？那也可以一邊用一邊滑手機囉？」
銷售業務：「手機呢……有時候可以用有時候不行。」
客戶：「什麼意思？」
銷售業務：「治療腰部以下部位時，電流不會經過手部，所以可以使用手機。」
客戶：「這樣喔。那可以看書嗎？」
銷售業務：「不管治療哪個部位都可以看書。」
客戶：「不會被電到吧？」
銷售業務：「不會的。」

你在說話時，會不會跟這個業務一樣不停繞著同一件事打轉呢？**在這樣的對話中，我們必須掌握對方提問的理由，並確實針對對方問題做出回應。**

以剛剛的對話內容為例，客戶一開始提問：「使用這個電磁治療儀的時候，手是不是不能碰其他東西？」的時候，業務就應該直接給出答案。

如果回答說：「可以碰其他東西沒問題喔。」但是後面對話裡又出現一些其實不能碰的物品或狀況，就顯得這名業務真的不擅長摘要。

客戶：「使用這個電磁治療儀的時候，手是不是不能碰其他東西？」

銷售業務：「要視情況而定。如果你要使用手機等電子產品，那治療腰部以下部位時都可以正常使用。不過治療腰部以上部位時，由於指尖會有電流經過，有可能造成機器故障，因此要避免使用電子產品。另外如果想閱讀書本、雜誌這種電子產品以外的物品，那在治療腰部以上部位時也可以正常使用，不會出現感電狀況。」

以上是最理想的對話範例。如果業務能一次給出這種完美回答，對方也會心服口服感到滿意，一來一往間就輕鬆解決問題了。

如果想掌握問題重點，並確實回答問題，你必須擁有以下兩種能力。

①正確理解對方提問目的的能力

②確實回答對方提問的應答能力

這兩項能力可說是缺一不可。我們必須同時以最大程度發揮①跟②的能力，才能達到「確實將對方所需資訊傳達出去」的目標。

不管手中的資訊再好、再優質，如果你無法讀懂對方提問的目的，或無法確實回答問題，就等於是白白浪費了手中寶貴的資訊。

另外在回答問題時，千萬不要說一些像「這個電磁治療儀其實有個很有趣的特性喔……」這種無聊冗長的開場白或背景知識，把重點內容放在後面才講。此類型對話中，將回答擺在最前面說，就是先說出「臨死前最想說的話！」。

請特別注意，在回答前說了一堆前提，對方可能反而會覺得：「你是不是根本不知道答案？」或「你是不是在耍我？」

若你沒有辦法回答問題，可以跟對方坦白：「不好意思，這件事情我並不清楚，無法立即回答，稍後確認後再回覆您。」

假設你遇到了無法馬上回答問題的狀況，當下卻用胡說八道或曖昧不明的話搪塞對方，很有可能會失去對方的信任。

4 讓對方更容易聽懂的技巧及練習法

❶文章摘要練習

為書本、報章雜誌或文件等文字類資料做摘要，能有效訓練自己的摘要力。

以下是一篇約一千字的新聞報導，請嘗試將其內容寫成一篇兩百字摘要。

【新型冠狀肺炎】因學校停課增加四至六倍銷售額，親子共讀「歷史書」需求量激增的理由（二〇二〇年三月十七日刊載／Diamond Online）

①即使新型冠狀肺炎疫情有可能影響到社會經濟走向，但除了口罩和衛生紙之外，還有一項商品的銷量急速上升。日本政府宣布高中以下學校臨時停課後，家長與學童大量湧入書店，造成兒童讀物與參考書熱銷。

②其中最受歡迎的是以漫畫形式呈現，或加入大量插圖的「搞笑」歷史書。鑽石出版社所出版的《東大教授教你奇怪日本史》一書中收錄了如「建立江戶幕府的德川家康其實曾經在戰場上因為太害怕而嚇到剉屎」等搞怪歷史知識。在日本文部科學省對教育委員會下達停課要求的二月二十八日當天，該書銷售額是前一天的兩倍，二十九日則上升為四倍。出版社迅速決定要再刷兩萬冊，同系列的《奇怪世界史》也將再刷一萬冊，全系列銷量累計已達四十六萬冊。

③鑽石出版社的廣宣負責人表示：「家長大概都不想讓關在家裡的孩子整天打遊戲或看YouTube，希望孩子多少能閱讀一些有教育意義的書。另外也聽說有些爺爺、奶奶必須照顧停課在家的孫子、孫女，因此他們會來購買有趣的歷史

書，好讓自己跟孫子、孫女能有些共同話題。」

④實業之日本社出版的《貓貓日本史》則是一本給孩子讀的日本史漫畫，二月二十九日當天，該書的銷售額是兩天前的六倍。《貓貓日本史》一書的概念為「如果日本歷史中的偉人都是貓的話會變成什麼樣子？」聖德太子、織田信長、坂本龍馬在書中都被畫成可愛的貓咪，全系列銷量總計達一百萬冊，是相當受歡迎的漫畫。同作品改編的電視動畫目前由NHK教育頻道播映中，二月二十二日起劇場版長篇動畫《電影貓貓日本史，龍馬的亂七八糟時空旅行》也將於各大電影院上映。

⑤實業之日本社的責任編輯表示：「配合二月劇場版上映，我們在各書店都設置了促銷活動，聽說有許多家長為了避免停課的孩子感到無聊，因此一口氣買下了整套漫畫。《貓貓日本史》因為可愛的角色設計獲得許多孩子們的支持，書中包含許多一針見血的歷史哽，因此也很受大人歡迎。我想家長也希望孩子能趁

這個機會對歷史產生興趣吧？有讀者寄信給編輯部說，孩子們閱讀《貓貓日本史》之後就愛上歷史了，開始跟家長一起看歷史劇或一起去參觀古蹟。」

⑥《東大教授教你奇怪日本史》和《貓貓日本史》基本上都是以搞笑風格為主軸，每一頁都藏有笑點。親子間如果有共同興趣，彼此情感也會更緊密，一起閱讀漫畫書開懷大笑說不定還能提升免疫力，也可以一同克服居家隔離所累積的壓力。

為文章做摘要時，必須注意「什麼地方」「寫了什麼內容」。

尤其新聞報導幾乎都會在開頭加上一段導言（內容提要），多數情況下，導言本身就是整篇報導的摘要，因此需要特別注意導言內容。

在這篇新聞報導中，①就是導言的角色，以下試著分項列出①到⑥分別寫了什麼內容。

①……兒童讀物與參考書熱銷（導言）
②開頭部分……漫畫或加入大量插圖的「搞笑」歷史書特別受歡迎
②中段之後……例1《東大教授教你奇怪日本史》
③……例1《東大教授教你奇怪日本史》為什麼受歡迎（引用負責人言論）
④……例2《貓貓日本史》
⑤……例2《貓貓日本史》是什麼樣的書（引用負責人言論）
⑥……例1跟例2都是以搞笑哏為核心，每一頁都藏有笑點／親子間情感會更緊密，
　可能也會提高免疫力

以上就是大略重點，接下來可以依照目標字數來決定要放入多少內容。
下方就是約兩百字的摘要內容：

受到新型冠狀肺炎影響，日本高中以下學校臨時停課，家長與孩子大量湧入書店，兒童讀物、學習參考書大熱銷。

其中最受歡迎的是以漫畫形式呈現或加入大量插圖的「搞笑」歷史書。這些書籍以搞笑風格為核心，每一頁都藏有笑點。

家長跟孩子一同開懷大笑，有助於加深感情，說不定還可以提高免疫力。有了這些讀物，也許就能一同克服居家隔離帶來的壓力。

摘要中完全沒有提到②的中後段到⑤談到的具體例子，因為「具體例子＝樹枝與樹葉」，字數有限制的時候，原則要先「剪掉樹枝與樹葉」。

那麼如果我們將摘要字數往上加到四百字的話呢？這時你需要多放進枝葉來擴充內容，因此必須加入具體例子。

受到新型冠狀肺炎影響，日本高中以下學校臨時停課，家長與孩子大量湧入書店，造成兒童讀物、學習參考書熱銷。其中最受歡迎的是以漫畫形式呈現或加入大量插圖的「搞笑」歷史書。

鑽石出版社的《東大教授教你奇怪日本史》一書中收錄了如「建立江戶幕府的德川家康其實曾經在戰場上因為太害怕而嚇到剉屎」等搞怪歷史知識。二月二十八日該書的銷售額是前一天的兩倍，二十九日則上升至四倍，出版社迅速決定要再刷兩萬冊。

另外實業之日本社出版的《貓貓日本史》則是將聖德太子、坂本龍馬等歷史人物畫成可愛貓咪的知名漫畫，全系列銷量總計達一百萬冊，二月二十九日的銷售額甚至達到二月二十七日的六倍。

這些書籍以搞笑風格為核心，每一頁都藏有笑點，家長跟孩子一同歡笑，有助於加深感情，說不定還可以提高免疫力。有了這些讀物，也許就能一同克服居家隔離帶來的壓力。

畫線部分是新加入的內容。我挑出了「②（例1）」和「④（例2）」中「優先順序較靠前」的訊息放入摘要內。

不管是兩百字摘要或四百字摘要內容中，都沒有提到「③跟⑤（負責人的發言）」，這是因為我認為「這些資訊的優先順序較靠後」。

聽到「摘要」，有些人會認為「要平均從整篇文章的各段落萃取出內容」，這可是大錯特錯。我們應該以「主幹↓樹枝↓樹葉」的順序來安排摘要內容。

專業記者或撰稿人寫出來的新聞報導會讓人比較明確區分出「主幹、樹枝、樹葉」，因此做摘要時應該不會太難吧？

不過在工作場合中（尤其是閱讀不會摘要的人所寫的文章時）經常會碰到原文本身未經整理、散亂沒重點的狀況，這種文章常常連分段也分得沒什麼意義，這時請仔細閱讀內容，然後偶爾運用一下自己的想像力，來補足「文中隱藏的含意」，同時找出文章的「主幹、樹枝、樹葉」吧。

⓫將摘要「以圖表呈現」

我們在做圖表的時候也需要「摘要力」。圖表本身也是表達資訊的手法之一，它能以簡單易懂的方式呈現資訊。

請閱讀以下文章：

溝通方法可大致分為面對面、文字、電話三種，其中只有文字不是採用口述表達。另外，只有面對面溝通才能看見對方表情。

這段文字並沒有很複雜，不過應該還是有人重讀了一遍確認內容吧？

遇到這種很難瞬間看懂內容的狀況，就很適合將文字轉為「圖表」。「圖表」是一種將事物的關聯性以圖片或表格呈現的方式，合格的圖表在視覺上簡單易懂，可以讓觀看者瞬間掌握其概要。請看下頁圖表。比起單純以文字呈現，這個表格更不容易造成閱讀者的大腦負擔。

要將資訊整理成圖表，必須確實做好摘要步驟中的「①收集資訊→②整理資訊」，並正確掌握資訊間的關聯性才行。

❖三種溝通的方法

	口述表達	書寫表達
看得到表情	面對面對話	
看不到表情	電話	文字

尤其在進行「②整理資訊」步驟時，一定要像接下來這樣將資訊分門別類，使資訊間的關聯更加明確。

- 口述表達……面對面、電話
- 文字表達……文字
- 看得見表情……面對面
- 看不見表情……電話、文字

上面的圖表就是將上述整理分類好的資訊轉換為「圖像資訊」後的產物。

不過太複雜不易閱讀的圖表，反而會讓觀看者倍感負擔，這就違背了圖表原本「讓他人能輕鬆理解」的目標，因此在製作圖表時，請謹記

「理解度優先」原則，謹慎挑選圖表的形狀及顏色等呈現方式。

有邏輯的說明方式及其練習

在商務場合需要說明一件事情時，最該注重的是「邏輯性」，也就是必須明確呈現出「話語的思維走向」。

電視料理節目的主持人會用淺顯易懂的方式依序說明料理步驟，使觀眾得以製作出相同的料理。

我們在工作時也常常會遇到需要跟他人解說某件事情的情況，這種時候「擅長表達」的人就能有邏輯的進行說明，反之亦然。

我來出個題目好了。請看p.187圖片，試著用文字說明從起點（家）走到終點（醫院）的方法。

如果別人只看你寫出來的文字就能走到終點的話，表示你的說明文相當精確。

解答範例

走出家門後往右走。過河之後右手邊有一座公園，沿著公園繼續走。過了公園後，右手邊有間郵局，在郵局這個路口左轉。繼續直走，接著左側看到房仲店面之後右轉，左手邊會出現市立停車場，沿著停車場繼續往前，碰到大條的省道後向左轉。左轉後馬上會看到天橋，上天橋走到省道的另一側。下天橋時要選便利商店旁邊的樓梯，接著繼續直行，過了便利商店之後，右手邊就是醫院了。

製作簡單易懂路線說明的秘訣在於「不要急」。

我們得一點一點準確的引導對方，先將對方從A地點引導至B地點，再從B地點帶他到C地點。

每次要轉彎的時候都先問自己「這個轉角有什麼標的物可以用？」這樣就可以避免在陳述時漏掉重要資訊。

❖起點到終點的路線

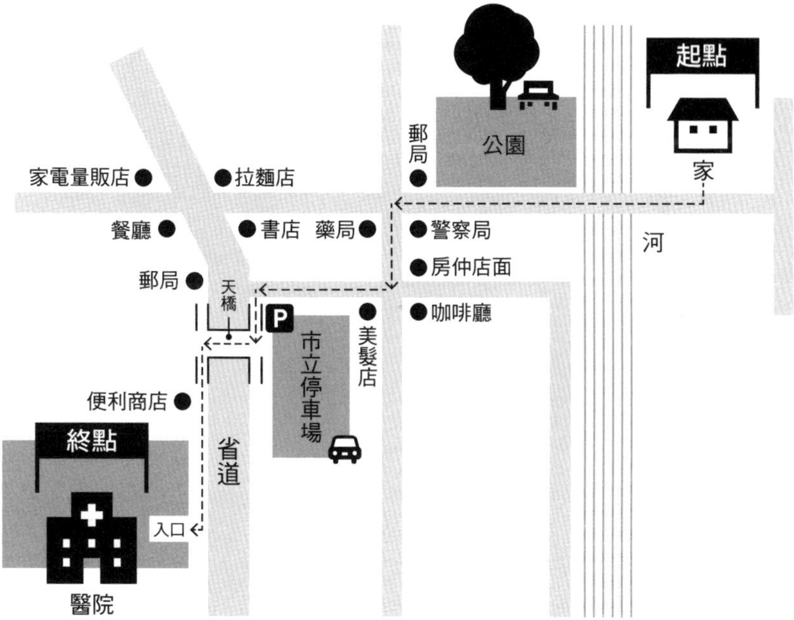
起點
家
公園
郵局
河
家電量販店
拉麵店
餐廳
書店
藥局
警察局
房仲店面
郵局
天橋
咖啡廳
美髮店
市立停車場
P
便利商店
終點
省道
入口
醫院

假設有間雜貨店前後各有一條路，當你說「在雜貨店轉彎」的時候，對方可能就會想「在雜貨店轉彎是要看到雜貨店就轉彎，還是過了雜貨店再轉彎？」因此遇到這種狀況時，你必須要清楚說明「看到雜貨店（或過了雜貨店）轉彎」。

另外就算你已經說明該在哪裡轉彎，最好還是明確寫出往左或往右轉會比較好懂。例如「看到雜貨店（或過了雜貨店）向左轉。」

稍微需要走一段路的話就可以說「往前走約三百公尺」或「直行三分鐘左右會看到高速公路」，大致說明距離或所需時間會讓對方讀起來更清楚。也可以在一開頭就說「從起點到目的地大約兩公里，走路大概需要十五分鐘」，讓對方能夠掌握整體距離。

如果你以為「好的說明文」中只會有對方不知道的資訊，那可就大錯特錯了。在說明中「故意加入」對方已知的資訊，可以適時提醒讀者應該注意哪些已知內容。

我們必須拋棄「這種事不用寫、不用說，大家也都懂吧？」的天真想法，才能給出好的說明。

而且人本來就是容易犯錯的生物，因此在說明時，必須小心謹慎，不要漏掉任何可能的細節。呈現出來的內容必須具體詳細，最好是對方讀起來感覺有點太囉嗦的程度。

寫下說明前，也可以自己開口先將路線說明一遍看看。把開口說出來的內容當作草稿，你在寫說明文的時候就會更輕鬆。

上述這種「下筆前先開口」的技巧在寫任何文章時都非常有用。先用口頭方式輸出資訊，不僅能確認自己對資訊的理解程度（包含資訊不足的部分），也更容易確立出整體架構。

另外除了「路線說明練習」之外，還有幾個題目可以讓你練習寫說明文。以下給你一些題目範例，請試著挑戰看看吧：

①請用文字說明你房間的配置
②請用文字說明某道菜的製作順序
③從手機裡選一張照片，說明照片內容

如果你的說明能達到以下成果，就算是合格的說明：讀過①內容的人，可以正確想像出房間內配置；讀過②內容的人，可以正確做出這道菜；讀過③內容的人，可以正確掌握這張相片的內容。請抱著玩遊戲的心態來做做看這些題目吧。

提高抽象度來表達

我們在表達資訊時，偶爾會碰到必須提高抽象程度的狀況。

舉例來說，你的朋友森田小姐去超市之後跟你說了以下內容：

> 我今天在超市買了煮火鍋用的大蔥、白菜、紅蘿蔔、香菇跟杏鮑菇等食材。

假設你要把森田小姐的這段話轉告另一個人，這時你發現了這些食物間的關聯性：「大蔥、白菜、紅蘿蔔＝蔬菜類／香菇、杏鮑菇＝蕈菇類」＝「火鍋食材」，你就可以將內容摘要成以下這樣：

抽象化後的摘要

森田說他今天在超市買了煮火鍋用的蔬菜跟蕈菇類。

更抽象化的摘要

森田說他今天在超市買了火鍋食材。

以下另一個例子是下屬向上司報告今天工作情況的內容：

我今天聯絡了各家贊助商。首先致電給A公司說明遠距專案的變更事項，然後也透過視訊會議跟B公司的負責人說明了遠距專案的變更內容。之後我將商品Z5 case送到D公司的倉庫去，順帶繞去C公司，向對方負責人說明遠距專案的事項。

以上的內容太過「具體」，讓人略感冗長。如果上司本身習慣具體仔細的報告內容倒沒話說，但如果碰到講求報告內容簡單明瞭的上司，這樣的內容大概就無法讓對方滿意了。這段內容有太多不必要的部分，讓人感覺非常囉嗦。

以下是省略不必要內容後的報告：

> 我今天分別向三間贊助商的負責人說明了關於遠距專案的內容。另外也將商品Z5 case送到D公司的倉庫去了。

我把「A公司、B公司、C公司」濃縮成「三間贊助商」一詞。另外連說了三次的「遠距專案」跟「負責人」部分調整過後也只出現一次就好。這麼一來不只內容分量直接減半，也讓人更容易聽懂內容。

當然，要保留多少具體內容或提高多少抽象內容，端看談話對象需要的抽象程度而定。假設你過度追求不說廢話，結果將內容濃縮成抽象到不行的「今天也很順利完成工作了。」大概會被上司念「你給我報告的具體一點！」吧？

請在轉換「抽象資訊⇳具體資訊」間，掌握最佳的平衡點。

擅長表達的人也擅長「譬喻」

大多數擅長摘要的人也相當善用「譬喻法」。

假設你跟某個人說「某某方法不太實際」，對方卻無法接受的話，可以考慮改用以下的「譬喻法」來說明：

這種做法跟穿短褲、踩木屐去爬富士山有什麼兩樣？

上面這句話雖然完全沒用到「不實際」三個字，卻傳達出了「這方法不實際」的意思。**「譬喻法」也是摘要資訊的方法之一，遇到難以用道理說服人的狀況，可以使用「譬喻法」讓對方更容易理解你要表達的意思。**

例如我們要傳達「總覺得缺了些什麼」的時候，可以用以下的「譬喻」讓對方實際感受到「缺了些什麼」的心情。

簡直就像沒有淋醬油的涼拌豆腐。

假設說「藝人跟經紀公司是相輔相成的關係」，感覺好像可以理解，又好像有點不太懂是什麼樣的關係。

這時我們只要使用以下的「譬喻」，應該就能提高對方的理解跟接受程度。

藝人跟事務所的關係就像「螺絲跟螺絲起子」的關係一樣。他們缺乏彼此就沒有存在意義，螺絲起子需要螺絲，螺絲也需要螺絲起子。

使用「譬喻」的時候，有以下幾個重點：

①先找出跟原本事件「本質」相通的「喻依」（譬喻內容）

②這個「喻依」必須是對方知道的東西
③這個「喻依」最好是容易被想像成具體圖片或形象的內容

我們用具體範例來說明。

假設你跟上司說：「我們一年辦這麼多次特價促銷，會讓消費者覺得很膩。」但上司不太能認同。這時你要先尋找上司可以理解的「喻依」，「我們一年辦這麼多次特價促銷，會讓消費者覺得很膩」這段話的「本質」在於「一件事重複太多次會讓人感到厭煩」。

①→先思考「重複太多次會膩的東西有什麼？」如果是「祭典」如何呢？如果每個月都舉辦祭典的話，就會讓人失去歡樂過節、感謝神明的心情。
②→每個人都知道「祭典」是什麼。
③→我們很容易想像出「祭典」的具體樣貌或形象。

因為這個譬喻符合了以上三項重點，因此它是有效的。

「祭典」之所以珍貴，是因為它一年只會舉辦一次。特價促銷就跟「祭典」一樣，如果一年辦了太多次，就會讓消費者覺得很膩。

以上譬喻內容如何呢？不只淺顯易懂，還相當有說服力。

如果希望自己能迅速完成上述①至③的譬喻步驟，在日常對話中就必須不畏失敗，積極使用「譬喻法」。

反覆試錯之後，你就能自由使用「譬喻法」了。

最後我們來做個練習，請試著將以下內容分別用自己的譬喻方式呈現。

- 某物已經派不上用場了
- 跟不上時代的物品或狀態

・不合時宜的事物
・剛愎自用的狀況
・思考方向錯誤

注意說話語氣

一句話的語氣會明顯表現出發話者的意圖或想法。如果能謹慎選擇表達方式，就能精確且誠實的將訊息和想法傳遞給對方。

例如表達「這是股價下跌造成的結果」跟「這可能是股價下跌造成的結果」，兩句話的語意就大不相同。前者是肯定句，後者只表示了有這樣的可能性。

以下是幾種不同語氣範例，你想要傳達的語意內容，應該使用哪種語氣才能正確表現呢？

「這是股價變化造成的結果」**（肯定句）**

「除了股價變化之外沒有其他原因了吧」**（強調肯定）**

「這絕對就是股價變化的結果」（強調肯定）

「不是因為股價變化才造成這個結果嗎？」（包含確認語氣的推測）

「可能是因為股價變化造成的結果」（可能性）

「是因為股價變化的關係吧？」（推測）

「應該可以說是因為股價變化造成的結果」（推測）

「應該就是股價變化造成的結果吧？」（包含確信語氣的推測）

「感覺是因為股價變化造成的結果」（依感受推測）

「聽說是因為股價變化造成的結果」（依傳聞推測）

「研判是股價變化所造成的結果」（偏客觀的推測）

「我覺得是因為股價變化造成的結果」（偏主觀的推測）

「總結以上理由，我認為是股價變化造成的結果」（推論）

「他們都說是因為股價變化造成的結果」（引用他人所述）

「可說是因為股價變化造成的結果」（發話者個人意見）

「總覺得是股價變化造成的結果」（較無根據的見解）

「不可能不是股價變化造成的結果」**（雙重否定＝強烈肯定）**

「這是因為受到股價變化的影響」**（表示原因、理由）**

我們必須掌握好要表達的內容本身究竟是事實、自己推測的結果還是個人判斷，才能選擇適當的語氣。

如果現在要說的內容不太可能是事實，你卻使用了「這是股價變化造成的結果」這樣的肯定語氣，或是在必須給出肯定內容的狀況下，用「我總覺得是股價變化造成的結果」這種不確定語氣來逃避責任，就等於是給出了錯誤資訊。

另外，平常習慣使用肯定句的人（較強硬的人）跟平常不太使用肯定句的人（較沒自信的人）都需要特別注意自己的說話習慣，因為你可能會將自己慣用的說話方式擺在最優先，而忽略了資訊的正確性。這兩種人都可說較為自私、不誠實。

這些習慣使用特定語氣的人，也必須好好審視自己的缺點。

不分場合使用肯定句的人可能是較缺乏觀察力或分析能力，或者可能以為使用肯定句比較容易讓別人認為自己的「工作能力很強」。

而總是語帶保留，避免使用肯定句的人，背後可能藏著「不想要承擔責任」的心態。

語氣很容易表現出發話者的心理狀態，我們必須先好好掌控自己的情緒，才能按不同場合選擇適當的說話語氣。

不用我說大家應該也知道，在摘要的第一階段「收集資訊」時，也要特別注意資訊來源在說話或書寫時所使用的語氣。

如果你擅自將原本是推測語氣說出來的內容用肯定語氣傳達給另一個人，在你說話的當下，資訊就已經變質了。我們在收集資訊時，也要特別注意資訊來源在說話或書寫時，是否有使用正確的語氣來表達內容。

特別是在工作場合上，我們時常會遇到「必須要這樣表達」或者「基於禮貌要改變措辭」的狀況，也就是說，發話者在說一句話時，背後往往有某些考量或有所隱藏。

「禮貌性用語」和「對自己有利的發言」也是造成語氣不正確的原因之一，也有些人會做出「刻意誤導」的發言，蓄意操弄手中資訊。

如果能藉由審視發話者的立場和非語言資訊，來看透話語背後所隱藏的秘密，不只能提高你的整體摘要品質，也能避免事情真相遭到滿懷惡意的訊息掩蓋。

⓫表達時也要按照「PDCA循環」

世界上大概沒有從沒看過自己踢球畫面的足球員吧？因為觀看錄影畫面，是唯一能夠客觀審視自己動作的方式。

雖然在體育界中，選手觀看自己的錄影畫面做檢討是理所當然的事，但在現實生活裡，卻沒有多少人想過要客觀檢討自己的說話及表達方式。

客觀檢視自己的表達方式可以有效提高自己的表達能力。我想推薦各位藉由「錄下自己說的話」來進行自我檢視。

用手機錄音就可以了。只要聽過自己在工作時，如開會、跟客戶對談、簡報等狀況下說出來的話，你應該就能清楚發現其中的「不足之處」和「需要改進的部分」。

【在自己看來】用心表達出「臨死前最想說的話！」。
【聽錄音之後的客觀看法】內容沒有整理好，也沒有好好表現出「臨死前最想說的話！」。

【在自己看來】按照「主幹→樹枝→樹葉」的順序說明。
【聽錄音之後的客觀看法】沒有按照「主幹→樹枝→樹葉」的順序說明。

【在自己看來】說話時沒有口頭禪。
【聽錄音之後的客觀看法】常常講「什麼！」跟「也是啦」，說話時常用「簡單來說……」。

【在自己看來】聲線明亮有朝氣，咬字也很清楚。
【聽錄音之後的客觀看法】句子結尾聲音低沉微弱，咬字不清楚，讓人聽不太懂在說什麼。

【在自己看來】對話時有跟對方充分交流。

【聽錄音之後的客觀看法】一直講自己想講的東西。

【在自己看來】說話時會盡可能將句子縮短。

【聽錄音之後的客觀看法】有些句子還是太長。

【在自己看來】沒有使用複雜的專有名詞或商務用語。

【聽錄音之後的客觀看法】偶爾會夾雜複雜的專有名詞或商務用語。

聽過自己的錄音後，如果覺得「說話速度太慢了」，下次就記得調整一下說話節奏；如果發現開頭太常使用「這個嘛……」的話，下次就注意減少使用次數；太常夾雜英文的話就避免夾帶英文，盡量選擇平易近人的措辭方式。

如果你無法客觀審視自己說的話語，下次還是會用一樣的方式說話，若你能客觀檢討自己，下次就能調整、改善表達時的問題點。

這也就是所謂的「ＰＤＣＡ循環」。「ＰＤＣＡ循環」指的是遵照「Plan（計劃）→Do（實行）→Check（檢討）→Action（改善）」的動作循環來持續改進作業內容，並提高作業品質及精確度的方法。我們可以將這個方法直接應用在表達上。

只要你能不斷改善自己在表達上的「弱點」，就能漸漸提升自己的「表達能力」和「說話技巧」了。

如果是可以錄影的場合，最好把自己說話的樣子錄成影片。有了影片，你不僅能檢視自己的說話內容，也可以看到自己的姿態、動作、表情、手勢等視覺性表現。

若你甚至能錄到對方聽你說話時的樣子，還可以檢查對方是「有反應／沒反應」、「回應強烈／回應微弱」等。

常常需要跟他人說話、表達的人，尤其需要錄下自己說話時的聲音或姿態，積極透過

PDCA循環自我檢討改進。只要這麼做，你就能確實提高自己的表達能力。

用一百四十字貼文在日常中進行「摘要練習」吧

現在你已經理解了摘要的步驟，我希望你之後能養成一種訓練自己摘要力的習慣，就是「為所有事物做摘要」。

請試著為工作和日常生活中接觸到的各種資訊做摘要後進行輸出。以下是摘要對象範例：

- 為讀過的書、雜誌或漫畫做摘要
- 為看過的電影、電視劇、動畫、藝術品、舞台表演做摘要
- 為參加過的研討會、研習、課程做摘要
- 為去過的餐廳做摘要
- 為新聞報導做摘要
- 為今天遇到的人做摘要

- 為今天一整天的工作內容做摘要
- 為今天碰到的好事做摘要

我特別推薦你使用「推特」（Twitter）**等社群軟體的貼文功能來做摘要練習。推特貼文的字數上限是一百四十個中文字，這個字數限制剛好非常適合摘要練習。**

因為一百四十字的字數限制只夠你寫出「『臨死前最想說的話！』＋α（使內容更具體的資訊）」。

在你發出一百四十字內的貼文時，不管是否願意，你都已經經歷過了一次摘要的流程，將收集好的資訊分類、制定優先順序，最後決定出「臨死前最想說的話！」。

例如你想要為「今天看的電視劇」做摘要，就必須從這一個小時長的電視劇中抓出其本質和令人印象深刻的重點。也就是說，你在推特上發文的時候，會同時體驗到「捨去九成不必要資訊內容」的過程。

另外，**以文字表達所想內容，能夠讓自己對該內容印象更深刻。這些記憶會成為參考**

對象，對你往後的摘要有所助益。

習慣這個練習之後，你寫一百四十字貼文的速度會越來越快，這也就表示你的摘要能力越來越好。

你也可以**積極以「向誰傾訴」的方式來輸出手中資訊**。例如回到家之後可以跟家人說今天中午吃哪家餐廳、今天認識了誰、今天第一次使用了什麼工具等（當然說話時必須時時注意摘要技巧）。

不擅長「在社群上發文」和「跟人對話」的人，也可以將摘要內容寫在自己的筆記本、日記本、手機記事本等處。

好不容易學會了摘要流程與技巧，如果沒有實際應用的話就太可惜了。我向你保證，只要養成「為任何東西做摘要」的習慣，你的摘要能力就會有飛躍性的成長。

❶你對表達的內容有「愛」和「熱情」嗎？

假設你是一名業務，如果你沒有打從心底「愛」自己販賣的商品，或者沒有將商品推銷給客戶的「熱情」的話，你在表達時就會缺乏情感。

相同的，如果對說話對象沒有「愛」，那麼在表達時也會缺乏情感。

如果你在介紹商品時，一直處於缺乏情感的狀態，對方當然就不會對商品感興趣。這是因為你在說話時，你的「愛」跟「熱情」也會直接傳達給對方。

相反的，如果你打從心裡「愛」這個商品，如果你對對方有「愛」，會變成怎樣呢？你的情感會透過言語表達和肢體動作傳達給對方，打動對方的心，使對方印象深刻。

如此一來，對方就有很高的機率會想購買你的商品。

對表達的內容有「愛」，對說話對象有「愛」，並且懷著想將這樣的愛傳達給對方的「熱情」，對方會比我們想像的更容易感受到這些情感。

反之，如果你「沒有」或「缺乏」這些情感，對方也馬上就能感覺出來。而這些情感，並不是透過一些小聰明、小技巧就能掩飾過去的。

最後我想要問你三個問題。

①你對自己要表達的內容有「愛」嗎？
②你對自己表達的對象有「愛」嗎？
③你有將這些情感傳達給對方的「熱情」嗎？

如果你確實完成了「①收集資訊→②整理資訊→③表達資訊」的摘要步驟，對方卻無法理解或接受，很有可能是因為你在表達時欠缺情感的關係。

如果是這樣，請關注一下自己心中的「愛」和「熱情」。

你的「愛」在哪裡呢？你的「熱情」又在哪裡呢？

只要你誠實的面對自己，一定可以得到答案。

如果你在進行摘要時富含情感，輸出力就會提升到最強，不管對方是誰，都能更容易接受你說的話，更容易被其觸動、對其印象深刻。

後記

為什麼這個時代需要「摘要力」呢？

你可能在有意無意間已經知曉了其原因。

世界的變化速度漸漸加快，感覺每一年都是一個全新的時代。

很多時候，一年前的「常識」過了一年就不再是常識。

而不只是變化速度快，不管是工作方式、價值觀、生活模式都在劇烈的變化著，其類型也越來越多樣化。

未來雖然仍朦朧模糊難以看透，不過它的透明度好像也越來越高了。

另一方面，在這個資訊爆炸的現代社會中，到處都充滿了好壞參雜的資訊。

如果我們不對資訊保持警惕的心，就會被捲進資訊漩渦中，丟失真正的自我。

在這個越來越講求資訊傳遞要「迅速簡潔」的時代，我們都必須具備「摘要力」。

做摘要時最重要的一點是，要「有自覺正在做摘要」。

我們絕對不能任由周遭資訊、環境或有心人擺布翻弄，必須主動面對資訊，並自行判斷該資訊是否必要。

「加強摘要力」背後蘊含的意思即是「掌握自己的主導權」。

因為這個時代的變化速度極快，我們必須經常提高自己對最新資訊的敏感度，如果我們抓著已經陳舊不管用的資訊不放，就無法做出適當的判斷了。

另外有一些「本質」是超越時代洪流的存在，不管在什麼狀況下都是通用的，我們也不可以丟失了能看清這些本質的雙眼，因為這些資訊，都會對我們的職涯和人生，帶來極其珍貴的教誨或幫助。

請各位放心，讀完了本書的你，應該已經充分掌握了摘要的好處跟加強摘要力的方法了。接下來，你應該為了自己的未來好好善用這些知識。

不管未來社會變成什麼樣子，只要擁有「摘要力」，你就可以聰明且強健的生存下去。

加強了「摘要力」後，你的工作能力應該會被提升到最高點，也會對你周邊的人和組織產生莫大影響。

你會受到眾人依賴，而「人力」、「物力」、「資訊」、「金錢」等資源也會自然源源不絕的湧向你。

周圍的人應該也會對你好評不斷、抱有好意，並相當信賴你吧？

摘要力就是這麼神奇的秘密武器，它能大大改變你的人生。

而你現在已經拿到這個武器了。

從企劃構思階段到出版成書，我在執筆本書期間，受到日本實業出版社編輯部和業務部門莫大的幫助。藉此機會向各位致上謝意。

另外也感謝我的妻子山口朋子和女兒桃果，雖然遇到疫情衝擊，但她們讓家裡隨時充斥著明快歡樂的能量。謝謝妳們一直以來的陪伴。

最後我想感謝閱讀本書的你。

你會如何為這本書裡的資訊做摘要，並應用在你未來的工作及生活上呢？

請務必趁這個機會好好思考一下。

衷心希望此後你的人生變得更加精彩。

二〇二〇年六月　山口拓朗

國家圖書館出版品預行編目資料

摘要力：刪掉9成重點,比別人強10倍的表達力／山口拓朗著；吳羽柔譯.
-- 初版. -- 臺北市 : 商周出版, 城邦文化事業股份有限公司出版 : 英屬蓋曼群島商家庭傳媒股份有限公司城邦分公司發行, 2021.11

面；　公分

ISBN　978-626-7012-55-0（平裝）

1.溝通技巧　2.人際傳播　3.說話藝術

192.32　　110012873

摘要力：刪掉9成重點，比別人強10倍的表達力

作　　者／山口拓朗
譯　　者／吳羽柔
責任編輯／黃筠婷

版　　權／江欣瑜、林易萱、黃淑敏
行銷業務／林秀津、黃崇華、周佑潔
總 編 輯／程鳳儀
總 經 理／彭之琬
事業群總經理／黃淑貞
發 行 人／何飛鵬
法律顧問／元禾法律事務所 王子文律師
出　　版／商周出版
城邦文化事業股份有限公司
115台北市南港區昆陽街16號4樓
電話：(02) 2500-7008　傳真：(02) 2500-7579
E-mail：bwp.service@cite.com.tw
發　　行／英屬蓋曼群島商家庭傳媒股份有限公司　城邦分公司
聯絡地址／115台北市南港區昆陽街16號8樓
書虫客服服務專線：(02) 25007718．(02) 25007719
24小時傳真服務：(02) 25001990．(02) 25001991
服務時間：週一至週五09:30-12:00．13:30-17:00
郵撥帳號：19863813　戶名：書虫股份有限公司
讀者服務信箱E-mail：service@readingclub.com.tw
城邦讀書花園www.cite.com.tw
香港發行所／城邦（香港）出版集團
香港九龍土瓜灣土瓜灣道86號順聯工業大廈6樓A室
電話：(852) 25086231　傳真：(852) 25789337
E-mail：hkcite@biznetvigator.com
馬新發行所／城邦（馬新）出版集團【Cite (M) Sdn. Bhd】
41, Jalan Radin Anum, Bandar Baru Sri Petaling,
57000 Kuala Lumpur, Malaysia.
電話：(603) 90563833　傳真：(603) 90576622
E-mail: services@cite.my

封面設計／張嘉容
電腦排版／唯翔工作室
印　　刷／韋懋實業有限公司
總 經 銷／聯合發行股份有限公司　電話：(02)2917-8022　傳真：(02)2911-0053
地址：新北市新店區寶橋路235巷6弄6號2樓

■ 2021年11月初版
■ 2024年7月初版3刷

Printed in Taiwan
城邦讀書花園
www.cite.com.tw

9WARI SUTETE 10BAI TSUTAWARU「YOYAKURYOKU」by TAKURO YAMAGUCHI

Originally published in Japan by Nippon Jitsugyo Publishing Co., Ltd.
Traditional Chinese translation rights arranged with Nippon Jitsugyo Publishing Co., Ltd. through AMANN CO., LTD.

ISBN 978-626-7012-55-0（平裝）

定價／380元

Beautiful Life

Beautiful Life

どんなに忙しい人も必ずやせるビジネスマンの最強ダイエット
エグゼクティブ・ダイエット

再忙也能瘦！1日5分鐘

上班族最強瘦身法

外食族也OK!!

百萬暢銷書出版行銷顧問
・日本亞馬遜王牌採購
土井英司◎著

朱麗真◎譯

台灣版序言

非常感謝台灣讀者閱讀本書。

能夠將在日本獲得極大迴響的「上班族瘦身法」推廣到台灣，我感到非常開心。

我曾在二〇一七年十二月造訪台北。但是老實說，當時內心充滿了疑惑。

我的疑惑是，限醣的「上班族瘦身法」有辦法在小籠包如此好吃的國家推廣開來嗎？

但是，在走訪餐廳、商店的過程中，我愈發覺得「只要肯做，一定辦得到」。為什麼呢？因為台灣有許多餐點是用美味的蔬菜與肉類烹煮而成，特別是大家「圍爐」一起吃的，有著滿滿蔬菜與肉類的火鍋，非常美味。我也逛了7-11等便利商店，也發現到「無調味」的烘焙堅果。

若能選擇正確的食物吃飽，加上每天短短五分鐘的肌力訓練，便可以減去十公斤以上的體重，這就是「上班族瘦身法」，是專為沒有時間，但是每天都有應酬的商務人士所設計的瘦身法，請各位一定要試試。

期待再次造訪台灣時，台灣的上班族都能擁有緊實的身材，活力充沛地在推展事業（笑）。

那麼，就請各位閱讀本書吧。

土井英司

能幹的上班族工作**行程**都太滿。

接連的**餐敘**、**會議**、頻繁的**出差**……

為了不錯失商機，

不在乎**吃太飽**、**喝太多**，

即使**缺乏運動**，

還是得從**重要案件**開始**消化處理**。

即使**不知疲累為何物**，
自認有好體力的上班族，
如果因為忙碌而**疏於自律**，
將無法避免**發胖**。
肥胖的身材不只**難看**，
也會慢慢**侵蝕**對工作的**熱情**。

工作**成效無法提高**，

壓力與**疲勞**累積在肥胖的身體裡。

即便如此，還是**沒有時間做運動**，

也**無法推掉飯局**。

即使下定決心**開始減肥**，

也因為**太忙而無法做到**。

受挫的減重會導致**復胖**。

陷入不想做、**失去自信的惡性循環**。

不希望勉強自己，**想吃的不能吃**，

也不想要減到**面有菜色**，

看起來憔悴，甚至**影響了工作**。

不希望打亂重要的**生活型態**。

在此推薦一個**再忙**的上班族
都能**持之以恆的瘦身法**。
不需挑場地做**肌力訓練**，
一天五分鐘就可以，
主要是隨時隨地都可做的**深蹲**。
每天午晚兩餐，不吃早餐。
注意一下**醣類的攝取**與**吃的順序**。

只要能夠將它融入到生活裡成為**習慣**，
既**沒有壓力**，也**不會失敗**。
就能夠擁有**緊實的身材**，
獲得**心理上的滿足**。
當您重新找回工作的**熱情**時，
一定能夠**明白「上班族瘦身法」**的**真正價值**。

CONTENTS

CONTENTS

EPILOGUE

開啟企業未來的資產是健康

CONTENTS

PROLOGUE

以最小投資換取最大利益的瘦身法

一個月二十二次。這是二〇一六年七月我所出席的餐敘次數。

身為出版製作人，我有很多與日本當代名人以及長官餐敘的機會，不管是日本料理還是西餐，幾乎都是套餐，當然也會喝很多酒。

接著是八月，我在紐約與所負責的作者們來了一趟美食之旅，吃了好幾餐高熱量的牛排。

九月之後，與著名的心靈導師吃飯，參加了三天兩夜的集訓、二十二天的歐洲之旅等，總共外食了四十九次。在那期間搭了四趟新幹線、八趟飛機，移動期間當然無法隨心所欲地運動身體。

但是我沒有變胖。

在那之前的二〇一六年二月，我決心改變生活，用一個月的時間減去了八公斤。因為我深深感受到四十歲以後，身體漸漸變得衰弱。

不但已經無法像從前那樣熬夜工作，酒量變差，容易累，有一段時間，甚至在人前演講都讓我備感辛苦。即使想做些肌力訓練，卻連做的精神、體力也沒有。

都已經這樣了，卻還裝傻騙自己「能幹的經營者，要胖一點才有威嚴感」。

其實在下決心減重前，有句話一直在我心中揮之不去。那是二〇一二年，我三十八歲時，當牙醫在看我的一口爛牙時的對話。為我說明口腔內部慘狀的醫生這麼對我說：「如果用建築物來比喻，你就是一棟四十年的老屋。」

在我擔任代表的Elies Book Consulting辦公室對面，有一棟屋齡超過四十五年的大樓，仔細看，會發現樓梯扶手金屬部分的油漆已經剝落鏽蝕，牆面等處的混凝土也都有裂縫。

我真的就像這棟頹傾的大樓，為了防止倒塌需要進行整修，該補該修的就要去補去修，得讓它變身成為保養得宜的老豪宅。不過心裡雖然明白，當時卻找不到解決問題的線索，也無法下定決心跨出第一步，只是拿每天繁忙的工作當藉口，就這樣一天拖過一天。

二〇一五年新年過後，在紐約有個為期一年左右的工作等著我。聽說當時前來接機的朋友們都還清楚記得出現在他們面前，那個極度疲累的我的模樣。

減重前的我生活上有一堆問題，過得很慘。不難想像當時目睹慘狀的他們有多吃驚。

我在久違了的紐約，對於很多事情有不同以往的感受，並且大為吃驚。紐約客們搭地鐵是不坐的，看到有老人或身障者上車，即使是頂著雷鬼頭的酷男，也會馬上站起來讓座，動作敏捷令人讚歎。

相對地，如果是日本人，一定是累癱了，在電車上坐著不動，甚至裝睡，即使年輕人也是如此。

美國給人肥胖大國的印象，但是實際走在街上，很少看到肥胖臃腫的紐約客，大家都有緊實的身材，抬起下巴，英姿煥發地走著。

但是在當地與紐約客做生意，曾經待過金融業界的日本人，卻說自己的體力完全不行，抱怨著「才一起工作到半夜，一早就又打電話來談事情，跟他們工作小命難保喔（笑）！」

親眼見識到他們旺盛的體力以及體面的裝扮，還有心理的餘裕，我想到我自己，開始思考起他們的精力是打哪來的，為什麼他們可以在工作繁忙之餘，還保有緊實的身材？

於是我開始大量閱讀營養理論與減重方面的書。

我放棄了父親灌輸給我的觀念——「能幹的生意人要在十分鐘內吃完一頓飯」。父親四十幾歲就搞壞了身體，十年前因為許多可以想得到的疾病而早逝。

我改掉趕時間吃飯，囫圇吞棗的壞毛病，開始細嚼慢嚥慢慢品嘗。為了要細嚼慢嚥，刻意選擇得慢慢咀嚼的食材，很自然地飲食變得多以蔬菜為主。

加上在紐約吃到的蔬菜非常好吃。在專賣有機食品、素食的全食超市（Whole Foods Market）買到的蔬菜品質非常好，有蔬菜的美味，於是我**重新體會到，吃貴一點，但是品質好的食物的重要性**。

之後我慢慢地持續減重，最多曾減去十六公斤。因為有點減過頭，臉頰都凹陷了。現在刻意回胖一些，維持在減重十四公斤的狀態。

我不是從一百公斤減到八十四公斤，而是從七十六公斤減到六十公斤。最多的時候曾經減到五十九公斤，差了十七公斤。但是這樣身旁的人會擔心，所以我對外都說自己最多減了十六公斤。

除了學習減重，我還參考了以骨盆矯正瘦身操（Inspiring Exercise）聞名的Micaco小姐的指導內容、Body Tone Yoga紐約代表石村友見小姐親授的瑜伽知識，還有住在紐約一年所吸收到的各種健康知識。

我的本業是出版製作人，同時也是寫書評的書評家。我主要閱讀的雖然是商務書，但是因為書評工作，我也讀過許多減重書。不過沒有一本能讓極度忙碌的上班族接受的作法，因此我開發出這套「上班族瘦身法」。

那麼，我是如何看待瘦身的呢？因為我是商務人士，沒有必要成為健康專家，我認為，**如果把瘦身視為一門生意，就應該以最小投資換取最大獲利**。

我設計**用來瘦身的肌力訓練，一天只需要做五分鐘**。若要問這樣就能有舉重選手般的身材嗎？絕對不可能。我們追求的本來就不是那種身材。一整天泡在健身房，失去的也太多。五分鐘左右的肌力訓練，不過是「比不做要好」的運動。

所以，**每個人都能做到，而且都能持之以恆**。

如果一開始就希望採取最完美的作法，那麼可以確定的是，會有挫折等著你。

如果你已經試過好幾種減重方法，並且反覆受挫，那**不是因為你的意志薄弱，只是你不知道「持續的技術」**。

意志力可以持續的時間其實很短，這早已在研究人類心理與行動的學術世界廣為人知。**要持續就只能靠養成習慣**。

我已經連續十二年又幾個月的時間，也就是四千五百多天，不間斷地發行名為《商務書馬拉松》的電子報，每天嚴選一本「有助工作與人生的好書」介紹給讀者。這個減重法也參考了從我個人的習慣所發想出的「持續的技術」。

有生意頭腦的人一定能夠瘦身成功，而本書介紹的「上班族瘦身法」，也是提高經營力的瘦身法。

肥胖的男士為什麼不夠格稱為商務人士呢？胖胖的看起來不是活力充沛又能幹嗎？這其實是錯誤的見解，只能證明不管是在飲食、運動上，都不懂得控制自己罷了。

一旦能夠擺脫不良機制，進入好的機制，它就會自己賺錢，做生意就是這樣。或許很多人把工作、賺錢視為一種能力，但其實這無關乎能力，只要能夠進到好的機制裡，每個人都可以賺錢。

瘦身也是如此，只要能夠進到本書介紹的「上班族瘦身法」的機制裡，大家都能瘦下來。

而且，身為商務人士，絕不能允許自己身陷在這種吃不必要的東西，讓人發胖的不良機制裡，應該盡早意識到我們所處的社會是只想著賺錢，不在乎所提供的東西是否會讓人發胖，或者有害人體健康。

好像自吹自擂太久了。那麼，想要瘦下來的各位，就趕緊進入正題，迎接新人生的開幕吧！

PART

1

瘦身要從設定目標開始

生意要成功，就要先設定目標，瘦身自然也不例外。

所謂的「目標」並不是幾天內瘦幾公斤這類表面的目標，真正的目標是瘦下來，擁有一個美麗強韌的身體，比瘦下來之前更活力充沛地迎向工作，獲得充滿自信的人生。

如果減重後得到的是一個瘦弱不好看的身體，不管體重計上的數字減了多少，也都沒有意義。所以，「上班族瘦身法」不量體重。

偶爾會聽聞有些人去做抽脂等手術，結果身材變得慘不忍睹，那是搞錯目標的例子。

為了不變成那樣，就從設定確實的目標開始吧。

不但瘦下來，也不浪費時間

「上班族瘦身法」的目標是「不花時間瘦身」，因為**對忙碌的商務人士來說，最大的資產是「時間」**。

「上班族瘦身法」嚴禁過度的運動與訓練，因為過度不但**會剝奪時間這個重要資產，也會增加無法持續的風險**。

對於忙碌的商務人士來說，即使可以撥出五分鐘的時間，也不見得可以撥出三十分鐘。

想要找時間訓練卻找不出來，沒有時間就會把事情往後延宕，甚至放棄。也就是說，會因此受挫。

更多。

因此，「上班族瘦身法」將花在訓練的時間限定在五分鐘內，不會再做

因為「不花時間瘦身」，目標就是用最少時間，得到最大效果。

比瘦身前更加活力充沛

活力充沛是什麼意思？

吃好的食物，有充足睡眠、足夠的運動，人就會變得活力充沛。

特別是男性，**活力充沛與男性荷爾蒙中最具代表性的「睪固酮」（testosterone）有很密切的關聯**。

睪固酮有維持骨骼以及肌肉、性功能、造血的作用，還能夠預防代謝症候群，甚至活化腦部等，扮演許多角色，其中很重要的是帶給男性精神上的活力。

一般來說，**從事稍微激烈的肌肉運動有助於提高睪固酮的量**。

激烈運動會導致疲倦是一種誤解，事實上不運動才會累。所以，「上

班族瘦身法」的目標是藉由肌力訓練，讓人變得更加活力充沛。

飲食部分也是。有些食品有助於提升睪固酮，讓人活力充沛，這也將在飲食篇中一併介紹。

「比瘦身前更加活力充沛」就是我們的另一個目標。

目的是美好身形、強健體魄，所以不量體重

「上班族瘦身法」不需要量體重。

為什麼不量體重呢？因為我們的目標不是數字。

假使體重減少，但是看起來憔悴，那一點意義也沒有。重要的是健康、好看地瘦下來。

一旦每天量體重，就會出現這樣的情形——「明明有運動卻胖了」、「偷懶竟然還瘦了」。

人如果沒能在努力過後獲得回報，就會失去幹勁；相反地，沒有努力卻開花結果，同樣也會失去幹勁。

就像厲害的投資人不會為了每天的股價又喜又憂，商務人士會為了長

期的成功踏實努力，所以謹記，「不量體重」。

取而代之的是，**一定要每天照鏡子，看看肚皮的鬆垮程度等，檢視體態是否勻稱。**

之前，我因為在短時間內瘦太多，有朋友因為擔心，將我的照片拿給醫生看，請教醫生「這種瘦法沒問題嗎？」

那位醫生診斷後似乎是這麼說的：「如果是因病而瘦，這個人的皮膚不會這麼透亮有光澤。」

那是當然，因為我運動，而且只吃好的食物，也確實保養我的皮膚。

站在人前也是上班族的工作之一，如果減到看起來憔悴，那就太愚蠢了，**一定要死守住皮膚的光澤。**

不論如何，目標之一就是「美好強韌的身體」。

瘦身最要緊的是不失自信、持之以恆

持續瘦身最重要的是自信。

不，應該說**維持自信才是人生最重要的事**。

「上班族瘦身法」的鐵則是培養自信、守護自信。

所以，一定要避免這樣的情形發生：前一天確實做了運動，今天則因為太累沒做，最後導致失去自信。就算運動的次數不多，持續仍是重要的。

萬一輸給了誘惑，也不要因為一次沒做就感到自責，隔天一定要雪恥。

瘦身時要帶著這樣的心態，允許一次的失敗，但是要避免二連敗。

可能因為酒醉，或者參加孩子的運動會以致於太累，甚至受傷或生病了而沒去做，這些都是難免的。

但是只要持續抱有雪恥的心情，便有助於生出自信。

即使因為不得已的事情而做不到，每天還是要做一些可以誇獎自己的事情，這是鐵則。

忍住想吃的心情，正是受挫的最大原因

「上班族瘦身法」並不壓抑想吃的心情。因為**無視自己的心情，必定會再復胖。**

常會在社群網站上看到有人說，減重過程中實在忍不住，為了獎勵努力減重的自己，於是去吃了拉麵。這麼做一定會失敗，要不就是只能過著挨餓的人生。

人類會為了讓自己過上富足的生活而努力，一味忍耐的人生根本是不可思議的事，那樣的努力是不可能持續的，所以很多人減重都會失敗。

「上班族瘦身法」不但可以吃拉麵，還可以吃便利商店的巧克力手指泡

芙、喝星巴克的黑摩卡可可碎片星冰樂。

應該要注意的是吃法以及食物方面的知識，然後是量與頻率。

重口味的食物還是可以吃，但是要克制量，不要攝取過多。

心情上一旦獲得滿足，就不要一直吃，然後繼續努力就可以了。

「一天兩餐，不吃早餐」，好好活用早晨的時間

有學者從動物實驗中發現，透過少吃控制熱量，能夠打開長壽基因的開關。在給老鼠吃六分飽的實驗中，因為這麼做，據說老鼠的壽命變長了。

此外，少吃的好處不只長壽，還有頭腦清楚、不疲累、身體變得輕盈、睡眠時間短也不影響作息、隨著年齡增加而出現的老人體臭味會消失、變得精力充沛（這是附加的好處）等效果。

實行「上班族瘦身法」時，首先要開始一天兩餐的生活。

如果中午有餐敘，晚餐就以蔬菜為主簡單吃；如果餐敘在晚上，中午就以蔬菜為主簡單吃。如果中午與晚上都有餐敘，就增加肌力訓練。類似這樣做調整。

能幹的商務人士一定要靈活變通，可以幫助我們學會一天兩餐的飲食習慣。

早上不須被逼著應酬，是可以做調整的寶貴時間。況且現代人因為社群網站的影響，社交機會愈來愈多，中午、晚上的飯局也就變多了。因此只能利用早上時間調整身體狀況。

透過限醣與吃的順序控制碳水化合物

攝取醣類（碳水化合物）後，血中的葡萄糖濃度（血糖值）會升高，為了讓它降下來，身體得額外分泌胰島素。胰島素會送出訊號給脂肪細胞，要它抓住葡萄糖，儲存成為中性脂肪。所以吃進體內的多餘醣類全都變成脂肪，成為肥胖的原因。

也因此，才會有所謂限制醣類攝取的「限醣減重法」問世。但**重要的不是一味限制醣類，我希望大家能夠注意吃的順序與量。**

吃飯時先吃蔬菜，再吃魚、肉。蔬菜部分，從海藻類先吃，因為富含食物纖維，需要時間消化，不但血糖值不易升高，也因為細細咀嚼食物纖維的緣故，很快就能得到飽足感。

先吃熱量較低的蔬菜或湯品填飽肚子，能夠減少吃下肚的主菜或主食的量，也能減少攝取的總熱量。如果吃蔬菜、魚、肉就能夠填飽肚子，就不會想吃屬於醣類的米飯或麵包。

即使吃的內容一樣，透過遵守吃的順序，可以抑制血糖的急速上升，也能遠離肥胖的原因。

如前面所介紹，完全不需要忍住想吃喜歡食物的念頭，只要吃的方式對了，就能夠控制血糖值。

攝取醣類也無妨，總之就是注意吃的量與頻率、吃的順序，有所節制就好。

每天最多做五分鐘訓練，持之以恆增加基礎代謝率

訓練的目的是什麼呢？其實不是為了消化今天吃下肚的食物。如果是這種想法，就會在吃得多的日子多做訓練，吃得少的時候不做訓練，這麼一來，吃的量與運動都無法固定，身形也就無法穩定。

做訓練的目的，其實是為了增加基礎代謝率。

因為目的是增加基礎代謝率，所以要每天做訓練，如此一來，就必須限制每天可以做的量。

理由很簡單，因為不那麼做的話，就不會持續。

別忘了目標是「不花時間瘦身」，所以我將訓練時間設定為每天五分鐘，這是假設各位**每天都很忙碌，沒有時間活動身體，以此做為前提，每天**

只要做五分鐘左右的訓練就可以了，即便如此都能確實瘦下來。

「上班族瘦身法」因為不吃早餐，所以能夠省下花在早餐上的時間。如果你過往的早餐時間是十五分鐘，花個五分鐘做訓練，相減之後還有十分鐘的時間。

這樣就沒有藉口說：「沒有時間，所以無法做訓練。」接著就是如何面對每天持續的辛苦。

雖說是五分鐘的肌力訓練，還是需要某種程度的意志力，而且持續的意志力也有它的極限。因此「上班族瘦身法」要教各位盡可能不消磨意志力，又能養成習慣的訓練方法。

一開始可以先從一分半鐘開始，再慢慢增加訓練的內容，最終到做滿五分鐘為止，因為再做下去就會剝奪時間這個資產。

我們的目的不是成為健美先生，希望大家注意不要做過頭。只要能夠瘦得好看，能夠享用美食，享受穿衣就好。基礎代謝率一旦增加，不管是出差還是私人活動，都不用再擔心旅行地的美食。衣服也是，尺碼的選項變多，購物將變得愈來愈有趣，也更開心充實。

所以，請先從一天五分鐘的輕鬆訓練開始吧！

上班族瘦身法
專欄

1

瘦身成功的三人。習慣力是好結果的關鍵。

挑戰「上班族瘦身法」
取得好成績的三人。
一個月培養出的習慣力
成為打造自信的基礎。

從復胖的挫折中重新站起

工作內容以及職場環境的改變，容易成為商務人士變胖的契機，勉強減重反而更有壓力，這點要小心。

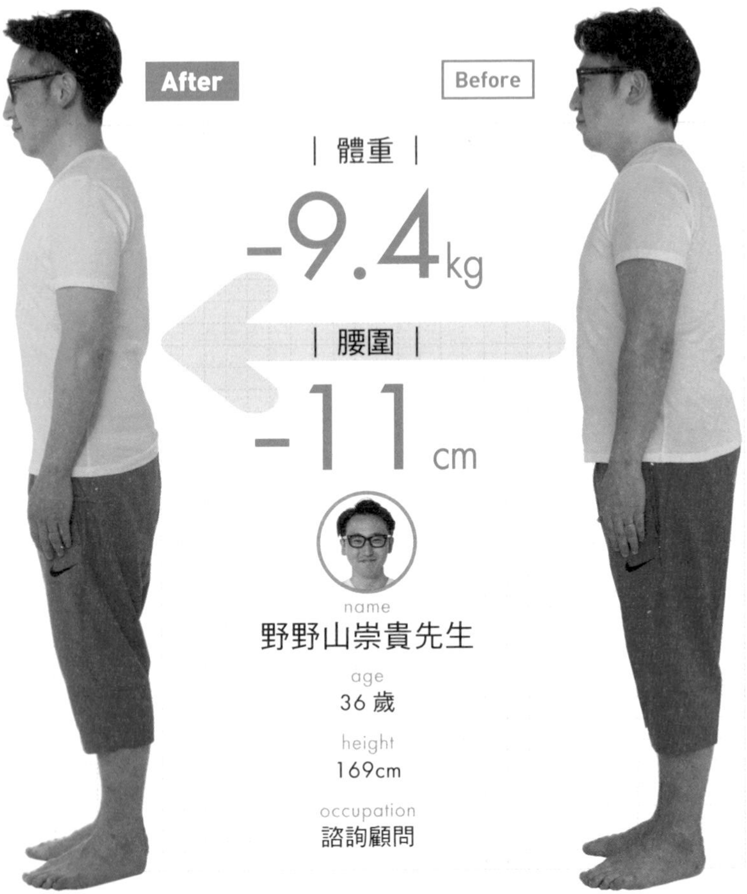

name
野野山崇貴先生
age
36 歲
height
169cm
occupation
諮詢顧問

開始時	▶	體重：86.1kg	腰圍：102cm
1個月後	▶	體重：81.1kg	腰圍：96cm
2個月後	▶	體重：76.7kg	腰圍：91cm

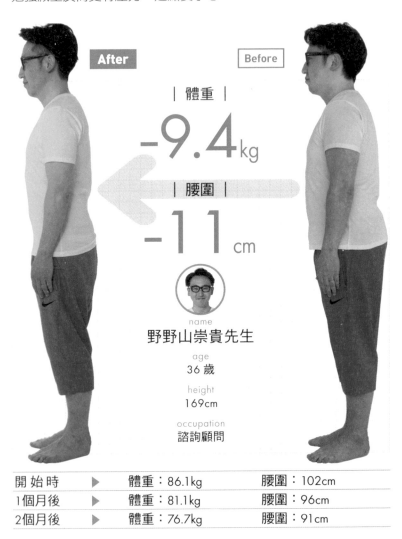

DIET RECORDING

二〇一七年一月十五日瘦身課後的一個月紀錄。寫下飲食狀況以及無法運動的理由等，想辦法讓自己能夠持續。

1月 日	一	二	三	四	五	六
15 	16 深蹲 30 次、仰臥起坐 30 次、伏地挺身 30 次	17 做相同次數，確實進行肌力訓練	18 午餐刻意吃兩道沙拉	19	20	21 訓練移到早上做，並加上拉筋
22	23 深蹲 40 次、仰臥起坐 40 次、伏地挺身 40 次	24	25 深蹲增加到 50 次	26	27 晚上餐敘吃桌菜，有幫助	28 深蹲增加到 60 次
29 練習越野賽跑，看著日出湧出自信	30	31 深蹲增加到 70 次	2月 1	2 原本主要吃蔬菜，也刻意補充肉、魚、蛋白質、胺基酸	3	4 在客戶那兒吃了鮮奶油與戚風蛋糕
5 深蹲增加到 80 次	6 出差　在飯店做肌力訓練，零食是堅果	7 出差　晚餐吃鰻魚飯，仰臥起坐、伏地挺身各做 50 次	8 出差　臨時的餐敘，深蹲增加到 100 次	9 吃了點奶油醬油馬鈴薯，醣類＋脂肪！	10 午餐吃沙拉與烤牛肉蓋飯，晚餐吃豆腐增加蛋白質	11 午餐吃兩道沙拉，深蹲增加到 120 次
12 沒吃午餐	13 出差　深蹲增加到 130 次	14 出差　滷蜂蛹、地爐烤山產肉、野生薯飯	15 沒做伏地挺身	16 晚餐自己煮，滷花枝、紅喉魚、煎蒟蒻排	17 午餐、晚餐都喝了兩碗湯，可能吃進太多鹽了	18 深蹲 60 次、仰臥起坐 60 次、伏地挺身150次

有過勉強瘦身而受挫的經驗，將想法做了一百八十度大改變後挑戰成功。

野野山先生大學時期的體重是六十八公斤，他說大學畢業後除了工作上的勞動外，也有做訓練，所以吃多也不會胖。

「但是，擔任購物中心經理一職後，主要是坐著辦公，體重慢慢增加到八十八公斤。覺得不妙，於是每天只吃午餐一餐，早晚都跑步，雖然一個月減了六公斤，但是真的很辛苦。」

勉強的事情無法持續，於是復胖，健身房也因為沒有時間去而退會。

「陷入惡性循環，眼看就要失去信心時，接觸到土井先生所主張的，排除挫折風險，以增加自信的觀念，想法有了一百八十度的轉變，除了更加積極進取，也再次取回家人與夥伴的信賴，現在甚至考慮挑戰三鐵。」

更進一步的目標是擁有像〇〇七演員丹尼爾．克雷格（Daniel Craig）般，適合穿西裝的好身材。

到處都可做肌力訓練，邊做其他事邊做肌力訓練也有效果

工作時間不規律，經常得外出訪客的狀況下如何持續呢？
可以善用空檔與場所，想辦法提升幹勁。

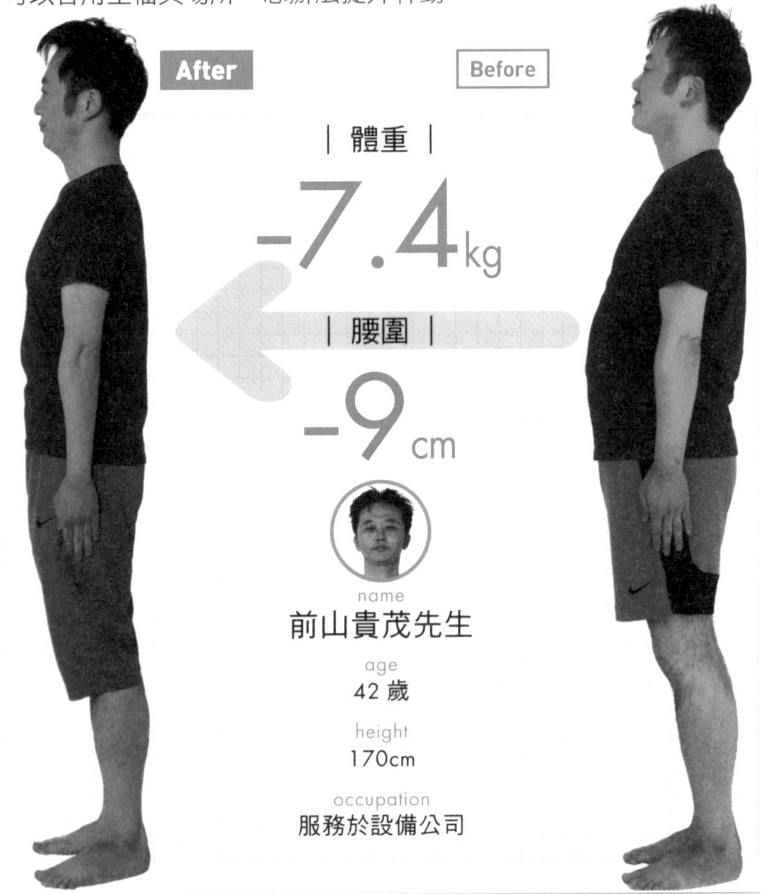
After
Before
體重
-7.4kg
腰圍
-9cm
name
前山貴茂先生
age
42 歲
height
170cm
occupation
服務於設備公司

開始時	▶	體重：71.7kg	腰圍：87.5cm
1個月後	▶	體重：66.2kg	腰圍：80.5cm
2個月後	▶	體重：64.3kg	腰圍：78.5cm

DIET RECORDING

二〇一七年二月十九日，參加者齊聚一堂確認一個月來的成果。並非孤獨的瘦身，也活用社群網站，與相互勉勵的夥伴們分享遭遇到的問題，有助於持之以恆。

1月 日	一	二	三	四	五	六
15	16 深蹲30次、仰臥起坐10次、伏地挺身10次	17 做相同次數，確實進行肌力訓練	18	19 吃韓式煎餅。碳水化合物。	20 3點的點心時間吃烤雞肉，鹽味比富含醣類的沾醬要好	21 深蹲30次、仰臥起坐10次、伏地挺身15次
22 做相同次數，確實進行肌力訓練	23	24	25 3點的點心時間吃黑胡椒牛肉（7-11）	26 上午10點的點心是核桃（便利商店）	27 吃麻糬（麻糬紅豆湯，麻糬兩塊）	28 吃福岡特產飯糰「俺的雞飯」（1個）
29 喝了酒沒法做肌力訓練	30 深蹲40次、仰臥起坐20次、伏地挺身15次	31 深蹲70次、仰臥起坐15次、伏地挺身20次	2月 1 仰臥起坐增加到20次	2 因為感冒，只在早上做了30次深蹲	3 雖然感冒，還是做了深蹲20次、仰臥起坐、伏地挺身各10次	4 雖然感冒，還是做了深蹲40次、仰臥起坐、伏地挺身各20次
5 深蹲40次、仰臥起坐20次、伏地挺身20次	6 深蹲增加到70次	7 深蹲70次、仰臥起坐20次、伏地挺身30次	8 深蹲增加到80次	9 做相同次數，確實進行肌力訓練	10 深蹲80次、仰臥起坐20次、伏地挺身30次	11 吃了最愛的外郎餅，5塊
12 因為睡眠不足與疲勞，身體動不了，肌力訓練休息	13 深蹲增加到160次	14 情人節吃巧克力慕斯	15 深蹲160次、仰臥起坐20次、伏地挺身30次	16 做相同次數，確實進行肌力訓練	17	18 

電子書就可以邊讀邊做！透過有效利用時間與場地，肌力訓練也能變成習慣。

大學時代的體重是六十四～六十五公斤。現在的職場需要加班，吃飯時間不規律，加上壓力的緣故，常吃甜食，進公司之後已經胖了十公斤以上。

「上了三年左右的健身房，曾減到六十三公斤，但是因為騎腳踏車受傷，留下陰影，從此不敢騎腳踏車，也不再上健身房。」

之後復胖，開始嘗試「上班族瘦身法」。利用公司休息室或客戶公司的閒置空間做肌力訓練，在肌力訓練的過程中，還能同時閱讀電子書。

「因為一年要讀三百五十～四百本左右以商務書為主的書籍，能夠邊讀書邊做肌力訓練很適合自己。午餐前如果餓了，就吃虎堅果或杏仁果，也幾乎不在便利商店買甜食了。」

前山先生還說，一旦甩掉腰間肉，就要開始再騎腳踏車。

從沉溺於醣類的生活轉變為以蔬菜為主的生活

工作一忙，外食吃的也主要是醣類，加上壓力大，變得愛吃甜食。若能成功切換到以蔬菜為主的飲食生活，距離理想身材就不遠了。

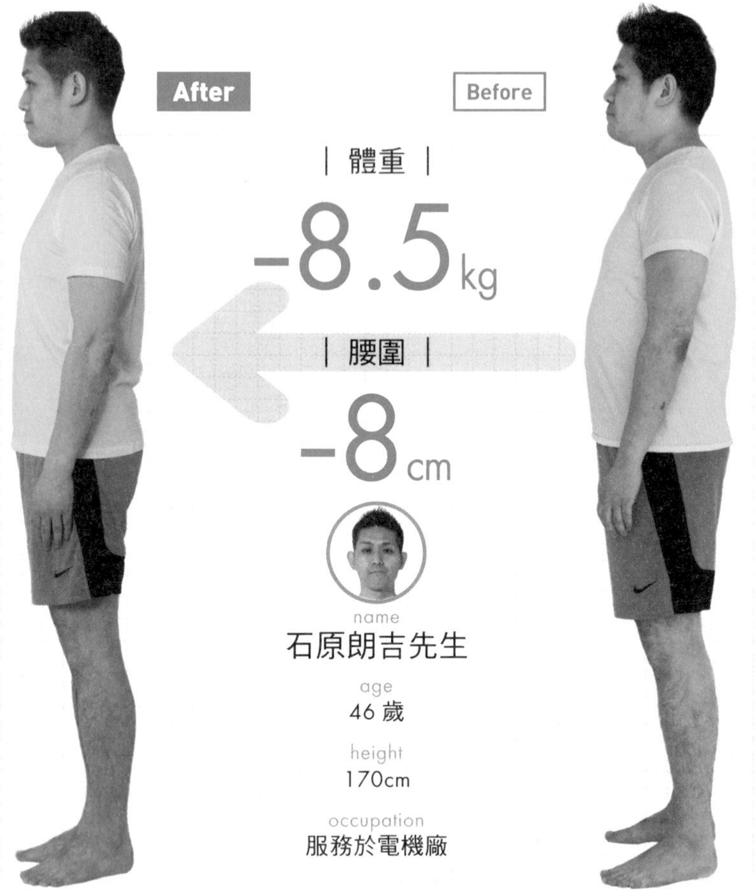
After
Before
｜體重｜
-8.5kg
｜腰圍｜
-8cm
name
石原朗吉先生
age
46 歲
height
170cm
occupation
服務於電機廠

開始時	▶	體重：76.9kg	腰圍：91cm
1個月後	▶	體重：72.8kg	腰圍：87cm
2個月後	▶	體重：68.4kg	腰圍：83cm

DIET RECORDING

瘦身期間什麼事情都可能發生，像是生病或者受傷等，這時不論是決定休息或者持續，都要傾聽身體的聲音，一步一步累積成習慣。

日	一	二	三	四	五	六
1月 15 感冒發燒	16 因為感冒藥不能空腹吃，所以早上喝了蔬菜汁	17 深蹲 30 次、仰臥起坐 30 次、伏地挺身 20 次	18 外科手術住院前做了肌力訓練，伏地挺身 30 次	19 手術當天施打點滴前，在廁所做了深蹲 50 次	20 單腳深蹲 30 次，提腿仰臥起坐 30 秒 ×4 次	21 扶著牆壁單腳深蹲 30 次，忘了做仰臥起坐
22	23	24	25	26 15 點左右吃了低碳水化合物堅果（1 包 30g）	27 16 點左右，年輪蛋糕、低碳水化合物堅果	28 半夜與朋友吃豆沙水果涼粉
29 因為不覺得餓，所以沒吃午餐	30	31 傍晚小餓時，低碳水化合物堅果	2月 1 	2 深蹲增加到 50 次	3 傍晚低碳水化合物堅果	4 15 點左右在咖啡廳吃了蛋糕套餐（+紅茶）
5 午餐自己煮火鍋	6	7 傍晚，低碳水化合物堅果	8 深蹲 80 次、仰臥起坐 30 次、伏地挺身 40 次	9 從收到的盒裝巧克力中拿出一塊吃	10	11 吃了同事的土產一口外郎餅
12 出差。中午與同事一起吃火鍋，吃了 1/3 的麵	13 深蹲 80 次、仰臥起坐 30 次 ×2、伏地挺身 40 次	14 深蹲 80+50 次次、仰臥起坐 30次 ×2、伏地挺身 30 次	15 右肩痛，伏地挺身休息	16 17 點左右，杏仁果（14 日吃剩的一半）	17	18

因為住院重新檢視自己的身體，刻意攝取蔬菜，調整飲食生活。

大學時代六十五公斤，很標準。就業之後增加到七十五公斤，雖然曾經透過有氧運動減了七公斤，但是慢慢地飲食生活彷彿浸在醣類中。

「早餐是便利商店的甜麵包三個，中午如果外出就吃拉麵、炒飯或咖哩飯，回家路上會在便利商店買洋芋片或甜食。結果復胖到七十七公斤，更因為忙碌與壓力，每天睡前都要吃個杯裝冰淇淋。」

轉機是因為骨折住院，那時重新檢視了生活，又再著手瘦身。

「在便利商店買沙拉，在員工餐廳一定會拿菜盤，每天三百五十克的蔬菜量，單單晚餐都有吃足。現在覺得每件事情都在『調整中』，不論是生活或工作，明天該做的事情，會在前一天先想過，決定好優先順序。」

因為開始覺知自己的身體，聽說現在還對武道產生了興趣。

>>野野山崇貴先生

像野野山先生這樣自己創業、身為經營者的人，時間比運動還重要。因為要搶時間，因此不是搭計程車以致於缺乏運動，就是會在餐敘上吃喝，超出身體所需。諷刺的是，想要活力充沛而補充糖，幹勁反而減退，跟作者以前如出一轍。但是野野山先生是實踐「上班族瘦身法」學員中，瘦得最理想的人之一。即使出差也確實持續肌力訓練，應該就是他成功的理由。

>>前山貴茂先生

前山先生因為深蹲次數多，所以效果明顯，只不過，仰臥起坐的次數略少，所以腰部不結實，應該跟這有關。飲食部分並不理想，希望能夠儘早找到好的餐廳，或者自己煮飯，朝理想的飲食生活邁進。有點餓的時候挑選的零食不錯。

>>石原朗吉先生

石原先生原本就肌肉發達，雖然有飲食方面的課題，但是漂亮地解決了。

善用原以為與自己無緣的便利商店的沙拉瘦了下來。我個人覺得他大學時期的體重，再加個二～三公斤就剛剛好。外表瘦得很好看，希望能夠維持下去。

>>總評

瘦身時如果內心無法獲得滿足，一定會感到挫折而復胖。若能留心確實攝取優質食物等，讓心獲得滿足，肌力訓練自然會成功，變得精力充沛，工作意願也會提高。「上班族瘦身法」就是希望諸位都能在工作上成功。身為上班族，請勿忘了投資意願的重要性。

在二〇一七年一月十五日舉辦的上班族瘦身課上，土井先生親自指導深蹲，前山先生（左側）那時已經在休息了。

PART

2

為什麼瘦身時，肌力訓練很重要？

肌力訓練之所以重要，是因為它能提高代謝，促進熱量消耗，特別是對於男性而言，更重要的是，能夠促進睪固酮這個荷爾蒙的分泌。

如前所述，我們設定的目標是「變得比瘦身前更加活力充沛」，睪固酮是對男性特別重要的荷爾蒙，一般認為有助於恢復疲勞、預防憂鬱症、增強決策力以及領導能力，可以透過做激烈一點的肌力訓練、減重、補充優質睡眠來增加。

「上班族瘦身法」所設計的肌力訓練、飲食，目的都是為了增加睪固酮，所以每位體驗者都變得活力充沛，這是跟單純限制飲食的減重法不同的地方。

「時間」最重要，所以肌力訓練一天只做五分鐘

我在設計這個瘦身法之前，試著思考了上班族減肥失敗的原因。

上班族之所以不聽醫生或健身教練的意見以及建議的理由，是因為他們的優先順序（priority）不一樣。**生意上的優先順序，第一是人際關係（創造顧客），第二是時間（產率）**。

而「上班族瘦身法」花在肌力訓練的時間，不囉嗦，就是五分鐘，不能超過這個時間。

有些人一做起肌力訓練就欲罷不能，愈做愈多。但是這麼一來，就會在工作繁忙時遭挫。

想當然耳，愈長的空檔愈難撥出。為了不讓自己感到挫折，肌力訓練的時間要限定在五分鐘以內。

那麼，這五分鐘內要做些什麼呢？

深蹲最重要，再加上仰臥起坐、伏地挺身

我所設想的對象是天天忙於生意，完全沒有時間運動的上班族；或者是會臨時起意做肌力訓練，但是尚未習慣每天持續做的人。對於那樣的人，我建議先將一次的運動時間設定為五分鐘，先做肌力訓練。

我所推薦的是這套深蹲、仰臥起坐、伏地挺身的肌力訓練。

對缺乏運動的人來說，這樣的分量在一開始應該還是挺吃力的，所以重點先擺在深蹲。就像經營生意，一定是先從可以看到效果的著手，否則資金撐不久。

一下子就要做全面性的肌力訓練，會很快消磨掉意志力與時間。

肌力訓練的訣竅是從大塊肌肉依序練起。

人體的肌肉大約七成在下半身，所以鍛鍊下半身能夠最有效率地瘦身，當中又以深蹲最具效果。

深蹲同時鍛鍊股四頭肌、臀大肌等下半身的大肌肉，是對瘦身最有用的肌力訓練。首先就輕鬆地從深蹲開始吧。

會深蹲之後，大概過了一週，就可以開始仰臥起坐。

事實上，如果只是想要瘦下來，只做深蹲也能瘦，但是仰臥起坐可以提高穩固腰部姿勢的肌肉力量。而伏地挺身對於提高熱量消耗、增加基礎代謝率這類所謂減重的直接效果雖然不高，卻可以鍛鍊出**強健的胸大肌、背闊肌，有助於打造可以撐起西裝的厚實胸膛。**

為了修飾身形，讓上半身與下半身都有良好比例，所以要做伏地挺身。

Basic Exercise 1 ｜深蹲｜

兩腳與肩同寬，雙手抱頭，像坐椅子般，將臀部往下拉，蹲到大腿與地板平行。可以的話，停一秒鐘左右，然後一邊吐氣，一邊伸直膝蓋與背肌，挺直腰桿。

Squat

挺胸、拉伸背肌，讓膝蓋與腳趾頭朝相同方向，注意膝蓋不要超過腳尖。

Squat

Basic Exercise 1 ｜深蹲｜

訓練時，一般是「放鬆時吸氣，用力時吐氣」，所以深蹲時，「屈膝時要吸氣，伸直膝蓋時要吐氣」。

Squat

絕對不要憋氣，要確實呼吸，將氧氣帶進身體裡。

Squat

Basic Exercise 2 ｜ 仰臥起坐 ｜

仰躺在地板上，立起雙膝，雙手抱頭，依序將頭、肩抬離地板，蜷曲脊柱，在肘快碰到膝蓋前停住，躺回地板時不鬆懈力量。

Crunch

手的位置可在頭、胸、腹部，距離做為支點的臀部愈近，對腹部的負擔愈小。較抱頭負擔小的是將手交叉置於胸前的姿勢，可以有效穩定呼吸、增加做的次數。

Crunch

利用辦公室的椅子也能進行仰臥起坐。淺坐在椅子上，背貼著椅背，兩手握住椅子的扶手固定好上半身，然後輕彎膝蓋，兩腳舉離地板。在這樣的狀態下將雙膝盡可能地往胸口靠近。返回時彷彿像對抗地心引力般，意念放在腹直肌上慢慢還原。

Crunch

Basic Exercise 3 ｜伏地挺身｜

兩手寬約肩寬的一點五倍左右，先將兩手放在肩膀正下方，然後往外移動兩個手掌寬度的距離。

Push-up

兩手掌打開貼地，比肩寬略寬，兩腳伸直以腳尖支撐，指尖朝外，頭到腳踝成一直線，兩肘彎曲讓胸部往地板靠近。

Push-up

此時，腋下打開讓肘往左右張開。在胸口快碰到地面時停住，再慢慢將肘伸直，回到原來的姿勢。

Push-up

確實做到可以達成的次數，辦得到的自信有助於持之以恆

肌力訓練的訣竅是，要從可確實達成的次數開始。

我長年打網球，下半身相對結實，所以從深蹲六十次開始。我所主辦的上班族瘦身班的學員們，有人從深蹲三十次開始，有人是五十次，各不相同。但是都確實瘦了下來。因此，先依照自己的節奏開始就好。

重要的是，要從不管工作回家後有多累，都能持之以恆的次數開始。做到深蹲之後，仰臥起坐也是，要從可以確實做到的次數開始。**我是從深蹲六十次、仰臥起坐十次、伏地挺身二十次開始的。**

有些人在女性或對手面前做得特別起勁，但是這類無謂的努力是挫折的根源。

不論是創業或者做任何事情，在意別人評價、愛耍帥的人都無法持久。

能夠確實腳踏實地朝目標努力的人，就算緩步如龜，最後也能甩掉復胖狡兔，抵達終點。

肌力訓練最重要的是「做少總比不做好」的精神。應該依照自己每天的狀況，以確實可以做到的次數為每天的目標。

不建議做慢跑
這類會因雨中斷的運動

「上班族瘦身法」不建議慢跑。

因為「一下雨就無法跑」，而且「花時間」。

假設下定決心要養成早起慢跑的習慣，結果前一天酒喝多了，這樣還起得來嗎？如果那一天下雨了，真的能穿上雨衣出門慢跑嗎？

我曾經跟好朋友一起把慢跑當作每天必做的功課，一開始很順利，但是後來因為朋友受傷而沒有繼續下去。只因為一次的受傷，而且原因不在自己身上，好的習慣也會因此中斷。

我已經連續十二年以上，不間斷地發行名為《商務書馬拉松》的電子

報，以商務書為主，每天寫一篇書評。這是持之以恆做這件事情的我才有資格如此斷言。

依賴自己以外的人所做的事情，半途而廢的風險很高。想要長時間維持良好的習慣，就該儘量不依靠他人，自己作主。

順道一提，當時為了提高慢跑的幹勁，我還買了設計師款的慢跑服，連鞋子也是買昂貴的。現在，那些衣服跟鞋子都沉睡在衣櫃深處。

無法持續的習慣
全是讓你受挫的原因

「上班族瘦身法」同樣不建議上健身房，理由跟慢跑一樣，因為依賴他人的作法總有一天要失敗。

對某些人來說，或許所加入的健身房是二十四小時營業，隨時都可以去，或者就在自家大樓的一樓，覺得上健身房有助於提升幹勁。但是，就算如此，我也不積極推薦。

因為商務人士不可能只待在辦公室，行程一個接著一個來是理所當然，出差也不可或缺，當事業愈做愈大，出差的機會愈來愈多，上健身房的時間就會愈來愈少。

以我為例，也曾經在頻繁的舟車往返途中，在飛機廁所裡做過深蹲，因

為那是只需要小小空間就能夠做到的肌力訓練。

利用「上班族瘦身法」的方法，不會被健身房占用時間，也不需要再繳會費或清潔費。跟充滿不確定因素的生意一樣，能夠避免的風險就儘量避開吧！

對忙碌的商務人士來說，不挑場地，哪兒都可以做的肌力訓練最好不過。

定出時間點，容易養成做肌力訓練的習慣

為了養成做肌力訓練的習慣，可以定出做的時間點。

我在洗澡前做肌力訓練。回到家後，我會先手腳呈大字形地躺在地板上，這樣真的很舒服。然後很自然就會開始抬腿練腹肌，再翻身趴在地上，腹肌練久了身體會累，會想站起身。站穩後，接著開始做深蹲。

只要配合自己的生活節奏，早上或者晚上做都好，可以在讀報、讀電子郵件之後，或者脫下西裝後就開始，想些有助養成習慣的時間點吧。

有兩個方法可以減輕運動的辛苦，一個是邊看電視邊做，一個是邊照鏡子邊做。

事實上，人類是這樣的生物：在做某事時，如果同時做另外一件事情，

就會產生時間過得很快的錯覺。所以，邊看電視邊做肌力訓練是很好的，而且忙碌的上班族可以從平常難得有時間觀看的電視中蒐集資訊。

在此推薦PANASONIC推出的小電視「Private Viera」。這台小電視的液晶螢幕架是可動式的，在做深蹲或伏地挺身時，可以調整角度，邊看電視邊做，非常實用。而且無線可攜帶，還有防水功能，在浴室也能看電視。平常不推薦書本以外東西的我，真的很推薦這台小電視。

照鏡子看自己的身材，也有感覺時間過很快的效果。從流行肖像畫的中世紀，不，是更早以前，人們就很喜歡盯著自己看。

出差地的飯店裡一定都有電視跟鏡子，請務必運用其中一項，實際做看看。在這裡偷偷告訴大家，光著身體練是最有效果的。

肌力訓練講究次數，不講究做法

一旦開始做肌力訓練，一定會有人說三道四來妨礙你，可能是你的家人或朋友，也可能是運動專家。他們會說「正確的做法應該是這樣」，或者「不多做點會沒有效果」。

請不要予以理會，因為如果照他們說的改變節奏，修正成所謂正確的做法，就會因為拘泥細節而失去幹勁。因為閒言閒語，導致原先設定的次數與做法改變，動力也會隨之降低。

重要的是，要以自信與動力為最優先。為此，我會跟瘦身班的學員說，**「可以輸一次，不要二連敗」**。

比方說，即使前一天晚上喝醉酒一覺到天亮，隔天一定要做到。如果第二天也不大能做到，至少要做到預定次數的一半，起碼打成「平手」。

千萬不要忘記「做少總比不做好」的原則，而且絕對要守護自己的自信，對上班族來說，「自信」是比什麼都重要的資產。

持續一個月的肌力訓練，加上改善飲食，體重會在一個月過後突然開始減少，就是進入所謂的「紅利」期，做同樣次數的肌力訓練，吃同樣的餐點，身體竟然一點一點變得緊實。

因為身體開始變輕盈，所以精神也會很好。

從肌力訓練開始，**以男性為例，希望一個月後能夠達到深蹲一百次、仰臥起坐五十次、伏地挺身五十次這個目標**。當然個體間會有差異，請各自訂定個人目標。

總之重點是，一次的運動時間是五分鐘左右。

只看自己的身材，絕對不量體重

早晚一定要淋浴，並照鏡子以確認身材。

在肌力訓練的過程中，重要的是照鏡子確認自己的身材。

一開始或許看不出變化，但是慢慢地你就會陶醉在愈加緊實的身材上。照鏡子比量體重有用的理由就在於此。

養成這個習慣之後，漸漸地會開始討厭吃太飽。總之，每天在洗澡前、洗澡後都要照鏡子。深蹲時，用手摸摸脖子，應該會覺得脖子變得緊實了。

人是在接收到回饋之後，一定會去改善的生物。不要依賴體重計，請以鏡中實際映照出來的身材，以及手所觸摸到的身材為指標吧。

好身材獲得別人讚賞的日子終將不遠。

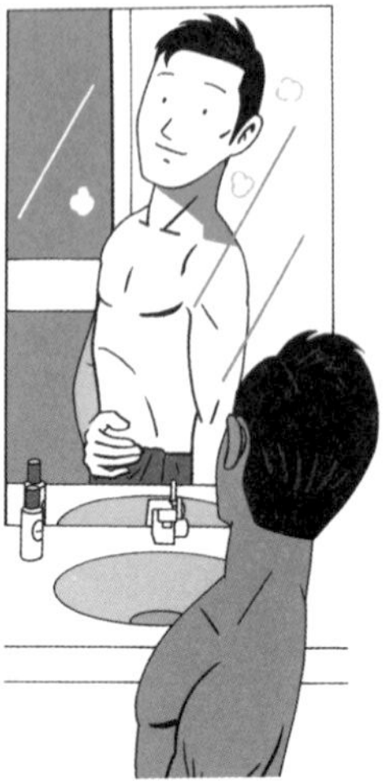

養成飲食習慣也很重要。

用餐的時間、不吃早餐、謹守吃的順序等，若能在生活中養成習慣，就會知道應該選什麼吃。

吃的量當然會改變，對於顏色、氣味會更敏銳，味覺、嗜好也會改變。

當你不再輕易受到現代社會中讓人發胖的機制左右時，也是你做為一個已經進化的商務人士的證明。

上班族瘦身法專欄

2

掌握「持續」的技巧，瘦身欲罷不能。

工作與背景迥異的五人，
因為「持續」，都看到了成果，
身體與意識也都出現變化，
對新的展開充滿期待。

終於擺脫反覆的失敗

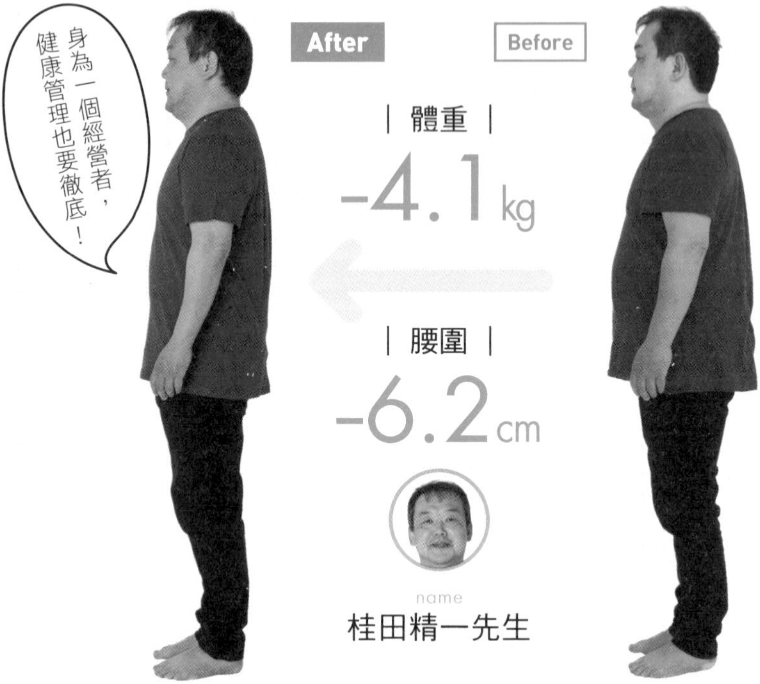
身為一個經營者，
健康管理也要徹底！
After
Before
體重
-4.1kg
腰圍
-6.2cm
name
桂田精一先生

DATA		age 54 歲　height 170cm	occupation：經營觀光業
開始時	▶	體重：94.2kg	腰圍：112cm
1個月後	▶	體重：90.1kg	腰圍：105.8cm

桂田先生是位忙碌的觀光業者，因為人脈廣，在幾乎每天都有的餐敘中總是喝太多、吃太多，有部分也是因為壓力太大想要紓解。體重最高曾達九十八點五公斤，雖然如此，也並非束手無策。他參加過五次瑜珈斷食營，總共減了十公斤，一年後又復胖回原來的體重。曾在五天四夜的斷食營中減了七公斤，但還是又復胖。

「因為『上班族瘦身法』，對於經營者應該要有的自我管理有所覺醒，深蹲從一開始的六十次，到現在的二百次，肌力訓練讓我有了腳踏實地走路的感覺，想要將生活中不需要的東西跟體脂肪一起丟掉。」

掰掰囉，運動不足與晚上的拉麵

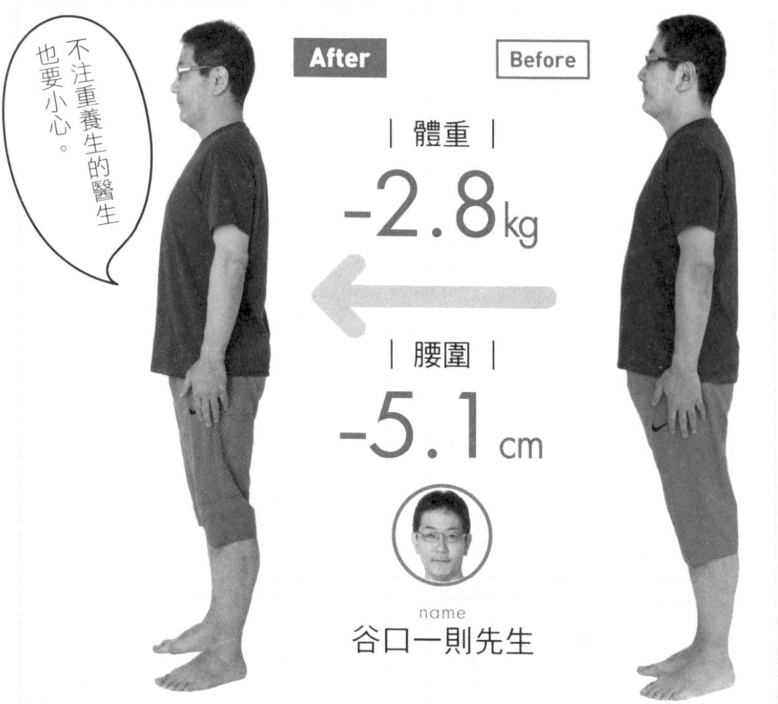
不注重養生的醫生也要小心。
After
Before
體重
-2.8kg
腰圍
-5.1cm
name
谷口一則先生

DATA age 55 歲 height 175.5cm occupation：開業醫生（外科）

開始時	▶	體重：83.5kg	腰圍：97.5cm
1個月後	▶	體重：80.7kg	腰圍：92.4cm

谷口先生長年缺乏運動，晚上總是應酬喝許多酒、攝取大量醣類，肝臟沒有一天可以好好休息，加上以拉麵為主食的壞習慣，沒想到醫生也這麼不養生。

「我感覺被一天兩餐這個規定給拯救了，上午得看診，工作超忙，完全不在乎不吃早餐的空腹感，有時早上吃加了蘋果的優格就可以了。」

他用心改善飲食，肌力訓練的部分維持在深蹲六十次左右。

「實際感受到身體變輕、變得活力充沛，有了可以見人的身材之後，想要挑戰衝浪，一次也好，想要成為衝浪客。」

因為減重，績效也提高

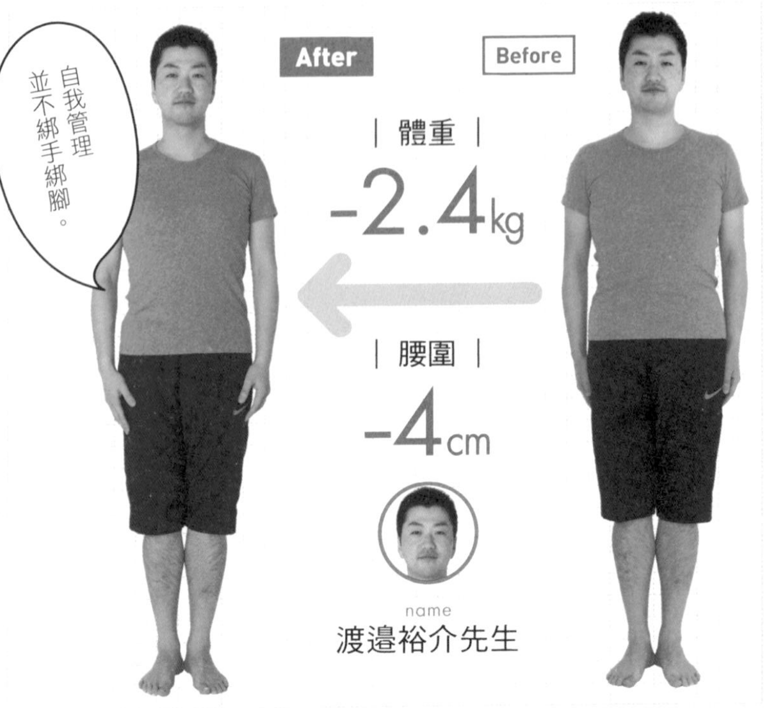
自我管理
並不綁手綁腳。
After
Before
體重
-2.4kg
腰圍
-4cm
name
渡邉裕介先生

DATA age 36 歲 height 174cm occupation：空服員

開始時	▶	體重：70.35kg	腰圍：88.5cm
1個月後	▶	體重：67.95kg	腰圍：84.5cm

大學畢業後任職於航空公司，擔任國內線、中程國際線的空服員。值勤時吃飛機餐，很難有機會運動身體。平常吃飯速度就快，最喜歡吃蓋飯。進公司時的體重是六十八公斤，然後持續增加，並且突破七十公斤。

「曾吃水果餐減肥，減了三公斤，但是半途而廢並且復胖。遇到『上班族瘦身法』後，隨著肌力訓練的次數增加，實際感受到自己的成長。想吃的東西不需要忌口，還能夠瘦下來，工作表現也變好，真的很棒。這個瘦身法得管理自我，但我並不覺得綁手綁腳，反而樂在其中。」

結合柔軟運動以及呼吸法

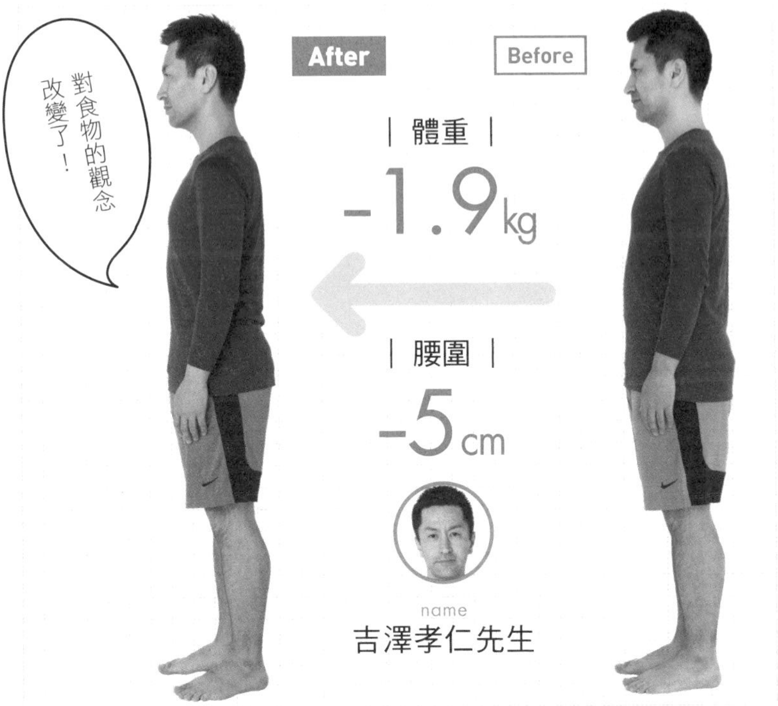
對食物的觀念改變了！
After
Before
體重
-1.9kg
腰圍
-5cm
name
吉澤孝仁先生

DATA	age 40 歲	height 169cm	occupation：服務於製造公司
開始時	▶	體重：68.9kg	腰圍：85cm
1個月後	▶	體重：67.0kg	腰圍：80cm

會找一些好聽的藉口，說要獎勵努力工作的自己，而狂吃碳水化合物、糖、充滿人工添加物的食物。這樣的生活一直持續到三十幾歲，體重從二十七、二十八歲時的標準體重六十三公斤不斷增加，體脂肪率高到不敢看。

「遇到『上班族瘦身法』之後，有生以來第一次意識到吃進身體的食品，開始對醣類抱持警戒，一定會確認成分表。也將柔軟運動以及呼吸法加到肌力訓練中，開始關心自己的身體。」

跟志同道合的夥伴們聊蔬菜以及肌力訓練的話題，是令人開心的。

「感覺好像拿到了一本通往未知世界的護照！」

即使工作型態特殊，也能順利養成習慣

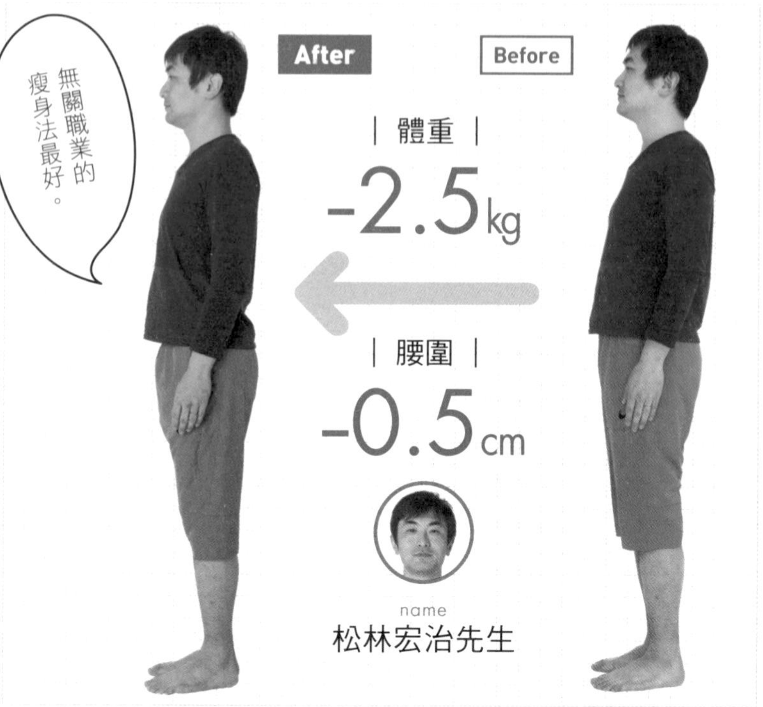
無關職業的瘦身法最好。
After
Before
體重
-2.5kg
腰圍
-0.5cm
name
松林宏治先生

DATA	age 40 歲	height 177cm	occupation：聞臭師、公司老闆
開始時	▶	體重：78.9kg	腰圍：85.5cm
1個月後	▶	體重：76.4kg	腰圍：85cm

松林先生是有國家證照的聞臭師，人稱「氣味刑警」，經營臭味調查以及指導除臭作業、排氣臭味對策公司。

「因為需要調整嗅覺的狀態，基本上對於飲食、生活習慣都很節制，但是生活節奏還是不穩定。」

常需要在深夜或清晨出動，也常在假日上班或者出差，移動時的運動量幾乎是零。

「因為『上班族瘦身法』只需要小心醣類以及做肌力訓練，其他不大需要在意，所以自己這樣的職業也能輕鬆養成習慣。因為在意身體線條更甚體重，自然能夠控制不吃太多。」

PART

3

改變飲食觀念，提高工作效能

對於飲食，最要緊的是不要吃得寒酸。總是壓抑想吃的心情，或者將就隨便吃，這樣怎麼可能變得活力充沛。

我現在會透過臉書關心上班族瘦身班的學員們，他們每天都上傳飲食狀況，開心地報告吃了哪些健康飲食。透過交換餐廳以及食品、食材的資訊，相互刺激鼓勵。（將在專欄四介紹一部分）

「上班族瘦身法」希望大家不再被動地吃飯、被動地購買食品，要慎選好食品，因為若是不嚴格執行將容易變胖。如果供應端讓人無法信賴，我們就不得不小心。

現在馬上就來看相關的飲食規則吧。

一天兩餐的生活型態有助提高效能

對於忙碌的商務人士來說，中午、晚上的餐敘都是必要的，除了來自交易商以及業主的邀請，有時還會在自己精挑細選的餐廳進行午餐會議或是款待客戶。

在什麼樣的店裡吃什麼樣的食物，也會影響生意的成敗，即使因為在減肥，難免在吃的方面多所限制，但是為了生意，還是得了解最新餐廳資訊或者食材趨勢等，講究用餐環境。

因此，每天忙於生意往來的上班族如果要調整飲食，**唯有不吃早飯**一途。

那麼早上該做些什麼呢？要確實補充水分，專心排出前一天吃進肚裡的。

據說吃進身體的食物要從胃部排出，大概需要三至十二小時，起床時胃部已清空，血糖值會降低。因為上午這段空腹時間，可做為能量來源使用的糖所剩無幾，身體便會開始燃燒體脂肪，而且不進食也可以讓消化器官獲得休息。

燃燒脂肪、讓腸道休息，除了有助於減重，也能減輕對身體的負擔，預防老化。**為了持續這樣的循環，更需要不吃早餐。**

此外，還可利用早上的時間回顧前一天的飲食。

半夜吃了拉麵的人，看到自己突出的小腹，應該會心生反省吧。吃得好的人，肌膚光澤一定跟別人不一樣。可以利用上午這段時間原諒昨天的自己，或者誇讚自己。

一旦改成「一天兩餐，不吃早餐」的生活，身體會比現在更健康，而且能夠節省時間，每天的午餐將變得更令人期待。

如果午餐時間能夠比尖峰時間提早一點，就能夠從容品嘗，店家也比較記得午餐時間第一個上門的客人，很多事情都會往好的方向發展，午餐時間將變得更充實，請一定要試試。

減重最要緊的是，要有適當的空腹期間。

這裡摘錄星野度假村，星野佳路代表的飲食法供讀者參考。

「我四十幾歲之後就不吃早餐了，五十歲左右連午餐也不吃了。因為一天只吃一餐，所以不會特別限制量，愛吃什麼就吃什麼、愛吃多少就吃多少，吃得很均衡。吃甜點，也喝酒，只不過，因為體質的關係沒法喝太多。」（《日經Gooday》網站二〇一六年一月十八日）

不管一天吃一餐還是兩餐，重要的是要習慣空腹狀態。一空腹就想要馬上吃飯，是狩獵採集時代「現在不吃，或許以後就沒機會吃了」的本能。在家裡囤積許多食品，也是相同的本能所致。

但是，商務人士應該好好想想，**「空腹狀態下的工作成效或許更高」**。

想像你生活在狩獵採集時代，肚子正餓著，眼前有個獵物經過，如果無

法殺死牠，可能就要餓死。在這種情況下，效能當然更高。

相反地，假設在吃飽的狀態，就算有獵物從眼前經過，你也不為所動吧。有句話可以佐證飢餓狀態下的效能更高的這個假設，就是前述星野代表所提到的飢餓的境界：

「飢餓的快感出現時不會覺得餓，反而思考清晰，那是一種快感。一旦嘗過飢餓的快感，某種程度也就能控制空腹。撐過空腹嘗到飢餓的快感時，會有彷彿『戰勝大腦指令』的成就感。」（《日經Gooday》網站二〇一六年一月十八日）

思考一天的總進食量，取得中午與晚上的平衡

沒吃早餐的空腹時間，要做的不只是反省前一天的飲食，也是訂出那一整天的飲食策略的重要時刻。因為早上肚子餓，一定會很期待午、晚餐。希望各位能確認一整天的行程，好好訂出飲食策略。

如果中午有餐敘，晚上就吃少一點；如果晚上有餐敘，中午就吃少一點；如果兩餐都有餐敘，看是要增加肌力訓練，還是隔天做調整，類似這樣。

如果事先可以確認餐點，便可以先跟餐廳聯絡，請對方告知有哪些是以蔬菜為主的菜色，或者請對方協助準備。

在餐敘場合點生菜餐等，很容易讓人聯想到你正在減肥，這在肉食餐敘對象看來，可能很不以為然。

這種時候，如果能夠事先問到菜單，便可以故意這麼說：「聽說這家店有

使用羽葉甘藍的料理？」羽葉甘藍是青汁的原料，在紐約是很受歡迎的健康蔬菜。如此一來，對方會覺得那是流行的食材，不會覺得你是因為在減重，反而覺得你對於流行很敏銳，是積極蒐集資訊的人。

當然也可以事先跟餐廳這麼套好：「上次電話中提到的推薦菜色是什麼？」就算是沙拉餐，也因為是餐廳的推薦，一點問題也沒有。如果餐敘對象也點相同菜色，也算是誘導成功，至少在這個作戰下得以確保健康。

早上的飲食策略時間，對於思考一整天該怎麼吃是非常重要的。

午餐時間不長的話，可到便利商店買三盒沙拉

為了維持「上班族瘦身法」所推薦的以蔬菜為主的生活，在沒有足夠時間吃午餐的時候，可以試著養成到便利商店買三盒沙拉的習慣。（針對一般男性的設定，有些人或許兩盒就夠了）最近7-11也賣「碎沙拉」。碎沙拉是將所有食材都切碎的沙拉，可以吃到很多蔬菜，在紐約也形成一股風潮。就連便利商店也開始賣這類健康取向的商品。

我之前常吃「辣雞與蛋碎沙拉」、「酪梨辣柯布沙拉」、「滿滿的肉！燙豬肉片沙拉」（有些已經停售），因為可以均衡攝取蔬菜與蛋白質。

只不過，馬鈴薯沙拉、通心粉沙拉這類都是NG的，因為含有太多醣類的緣故。若是三盒沙拉的份量，不吃飯或者麵包、麵類等醣類也能吃飽。進到便利商店，自然不需要在飯糰或者便當、零食貨架前逗留。

減肥新常識，零麩質的選擇

相信還是有人對於以蔬菜為主的飲食生活感到排斥。我從二〇一五年一月住在紐約，直到二〇一六年二月，也在那裡工作，因為很多朋友與熟人都吃素（嚴格素食者），跟他們一起吃飯時真的傷透腦筋。

嚴格素食主義者認為「人類不應該搾取別的動物來生存」，所以不吃肉以及魚，甚至也不碰蛋、起司、奶油類、蜂蜜、吉利丁等。我因為不好意思在他們面前大啖他們所不能吃的食物，飲食生活自然變成以蔬菜為主。

在全球經濟的時代，不知道哪裡有優質素食餐廳，還在大口抽菸吞雲吐霧的話，就稱不上是商務人士。因為那只會讓你失去結識優秀人才的機會。

此外，對於正在紐約以及舊金山流行的零麩質飲食，商務人士也都有必要了解一下。

在美國，從餐廳菜單、食品包裝盒、保健食品，甚至牙膏標籤，都會標示零麩質的字眼。麩質是從小麥、裸麥等穀物的胚乳所生成的一種蛋白質，被認為是引起過敏的原因。即使沒有過敏症狀，也會因為攝取小麥的醣類，導致血糖值急速攀升。

反過來說，**若能限制小麥製品的攝取量，就能避免血糖值的急速升高。**若能因此抑制胰島素的分泌，就比較不會長脂肪，也就是說，就不大容易發胖。希望大家都有此概念。

網球選手喬科維奇（Novak Djokovic）在他的著作《喬科維奇身心健康書：14天逆轉勝營養計畫》（*Serve to Win: The 14-Day Gluten-Free Plan for Physical and Mental Excellence*）（商業周刊出版）中，描述他開始零麩質的飲食後，終於擺脫掉原因不明的身體不適，並且取得世界冠軍頭銜。

據說喬科維奇實際開始零麩質飲食後，一直減不下來的體重也掉了五公斤，身體變得輕盈。零麩質飲食因為可以健康地減去體重，因此其減重效果也受到矚目。

該書中，喬科維奇有一段直接談到飲食的話：

「在身體還年輕、強韌的時候，我很少生病，也很少感到疲倦，可能也都能對抗不好的食物以及壓力。但是隨著年齡增長，如果還是固守著過往的飲食習慣、生活方式，就會面臨各式各樣的問題。所以有必要改變飲食方式。」

碳水化合物要在午餐時攝取，晚餐則要儘量避免

以蔬菜、魚、肉為主的飲食，應該還是會想念米飯或者麵包、麵條、義大利麵等碳水化合物。碳水化合物因為是由醣類與食物纖維組成，完全不吃碳水化合物，也就等於少吃了食物纖維，可能引起各種健康上的危害。

一旦跟著碳水化合物吃進體內的食物纖維不足，就容易引起便秘。

食物纖維有吸附吃進身體的食物裡的有害物質，跟著糞便一起排出體外的作用，一旦不足，有害物質會堆積在腸道，進而擴散到全身，甚至造成肌膚粗糙，對於要死守皮膚光澤的「上班族瘦身法」來說，不可小覷。

另外也有人指出，會有導致各種生活習慣病的風險。

因此要訂出規則，**如果要攝取碳水化合物，希望能夠在午餐時候攝取。**

當然，如果肌力訓練的次數增加，基礎代謝提高，晚上也可以吃。但是得等瘦身開始一個月後，視過程狀況而定。一開始還是儘量集中在午餐時吃。

醣類（特別是葡萄糖）可以讓腦部正常運作，增加專注力。但這不會改變它是減重大敵這個事實。

如何攝取含醣碳水化合物，將大大地左右瘦身成果，請一定要遵守此原則。

酒席上也要小心醣類，蒸餾酒比釀造酒好

對商務人士來說，晚上的應酬不可或缺，有時得趕場、有時會續攤，好幾杯啤酒以及葡萄酒、日本酒、雞尾酒下肚的話，確實會變胖，而且攝取酒精，也會提高對健康的危害。

酒類中的啤酒、葡萄酒、日本酒等釀造酒，其原料的穀物富含醣類，醣類因為容易被身體吸收，會加快血糖值的上升，所以**在酒席上，要刻意選擇低卡、低醣的酒類飲用**。

釀造酒中以葡萄酒的醣類含量較低，可以選擇喝紅葡萄酒或者不甜的白葡萄酒，只不過，偏甜的葡萄酒或是氣泡葡萄酒的醣類含量還是很多。

葡萄酒的醣類大部分是果糖，一般而言，它的升糖力度較葡萄糖弱一些。紅葡萄酒裡的多酚有抗氧化作用以及降血糖的功效。

威士忌、甲類燒酒（譯注）、琴酒、伏特加，這些蒸餾酒是將釀造酒汽化後，再將酒精單獨液化而成，經此過程醣類變成零。**在此推薦大家的是蘇打水加威士忌調出來的「Highball」**。

我幾乎每天會喝四、五杯Highball，但是跟過去喝雞尾酒的時候相比，並不會變胖。雞尾酒會用到富含醣類的果汁或者很甜的糖漿，是要小心的飲料。

一罐啤酒（三百五十ml）的含醣量如果是十公克，同樣罐裝的Highball則是零，這正是Highball不令人發胖的理由。

幸運的是，在最近的風潮帶動下，以Highball取代啤酒乾杯的機會愈來愈多，就光明正大地點Highball吧。當然還是要讀懂當下的氛圍，「第一杯」點啤酒，之後再換成Highball也很好。

譯注：以連續式蒸餾機蒸餾而成的燒酒。相對於甲類，以壺式蒸餾機蒸餾而成的為乙類燒酒。

如果非得點雞尾酒不可的話，就點成分幾乎都是琴酒或伏特加的馬丁尼或伏特加馬丁尼吧。琴通寧等雞尾酒裡所加看似汽水的通寧水裡也含醣類，需要留意。同樣的，燒酒調酒，不管是加汽水還是果汁，都要小心裡面的醣。

接待生意場上的客人，想要避開醣類，又想給人積極進取的印象，可以深入研究威士忌或燒酒，一開始就邀請對方到威士忌專門店、燒酒專門店，如果能夠吸引對方，也就能夠讓對方對威士忌、燒酒感興趣。

很多有名的威士忌店，店裡的麥芽威士忌種類隨隨便便就超過一千種，光看那陣仗都會懾服。燒酒專門店也是，去發掘那些商店，應該可以讓生意上的喝酒應酬變得比較有趣。

面對誘惑以及挫折主因時，要如何因應呢？

「上班族瘦身法」**不是方法，是制度。因為是制度，為了持之以恆，要採取各種可能的對策**。在此要就常見的誘惑、挫折主因，提供大家對策方法。

首先是常見的「深夜拉麵」。第一章已經提過，「上班族瘦身法」的規則是「不壓抑想吃的心情」。理由很簡單，因為無視自身的心情，「必會招來復胖」。所以，雖然還是能吃拉麵，但在這裡要傳授大家不容易胖的方法。

首先，選擇拉麵店時，盡量選擇有賣加了滿滿蔬菜的拉麵店。理想的拉麵是有滿滿的豆芽菜、高麗菜、叉燒肉等料，將麵蓋住幾乎看不到。然後依照規則依序吃蔬菜↓肉↓麵，儘量不碰麵，訣竅是最後再吃它。

食慾旺盛的人可以追加料，等吃到麵的時候已經飽了，吃不完是最好。當然，完全不碰麵，將它留下來對店家也過意不去，所以可剩就剩，或者點餐時就要求少麵。

牛肉蓋飯也可以用相同的要領攻略。如果要點味噌湯，一定要選擇料多的豬肉味噌湯。牛肉蓋飯上面也要加很多料，如泡菜、蔥、生雞蛋等，重點是依照蔬菜↓肉的順序，從料開始吃。

接著常有的誘惑是「有點餓」的時候。這時推薦吃在專賣進口食品的超市買得到的「虎堅果」。這是指導過許多女明星、模特兒的大師Micaco小姐告訴我的超棒零嘴。

正確來說，它並非堅果，而是油莎草（Cyperus esculentus）的塊莖加工而成。食物纖維是杏仁的三倍，富含有抗氧化作用的維生素E，所含醣類屬於難消化性澱粉，不易吸收，人稱超級食物。

只要將這個「虎堅果」放在包包裡，在有點餓的時候隨時都能吃，很有嚼勁，愈嚼愈有味，也有助培養咀嚼的習慣。

咀嚼會刺激飽食中樞，讓人食量變小，是很棒的零嘴。

其他在小餓時可以吃的，有便利商店的蒟蒻麵、蔬菜棒。喝氣泡水也有用，會感到飽。如果要解饞，兼具攝取鐵質以及食物纖維的話，杏仁等堅果是有效的。但因為高脂高熱量，重點是要選擇「無鹽素燒」口味，而且要適量。

選到不好的零食，有些含糖量高，會導致發胖。反而是愈嚼愈能感受到自然甜味的東西才好。巧克力也要選擇含糖量、含脂肪量少的。

人們多半是在睡眠不足或酒後想吃零食，所以要睡飽，也盡可能少喝酒。

選對食品以增加睪固酮

在肌力訓練那一章提到了增加睪固酮的重要性，而**要生成睪固酮，重要的是要攝取鋅、胺基酸、維生素C、D、E等。**

鋅存在於許多食品中，像是牡蠣、豬肝、牛肉、鰻魚、蛋黃、黃豆製品、腰果、帕瑪森起司等。而胺基酸的部分，洋蔥以及大蒜中所含的「硫胺基酸」，有活化生成睪固酮的效果，最好每天都能夠積極攝取。

男性特別要小心葡萄柚，因為葡萄柚中含有減弱睪固酮效果的物質。男性身上還是存在有少量的女性荷爾蒙，而該物質會抑制女性荷爾蒙的分解，讓女性荷爾蒙留在體內，減弱男性荷爾蒙之睪固酮的功效。

含鋅的主要食品		
牡蠣	豬肝	牛肉
蟹肉罐頭	蛋黃	扇貝
帕瑪森起司	腰果	鱈魚卵
魷魚	板豆腐	芝麻
豌豆	烤海苔	黃豆
抹茶粉	小魚乾	鰻魚

鋅含量高的三大天王為牡蠣、豬肝、牛肉（牛肩肉）。缺鋅也可能導致身體的其他不適，建議平時就要刻意攝取。

所以喝燒酒時，最好避免加葡萄柚，喝葡萄柚汁也要三思。

與其為求完美而不做，不如先做，即使不盡人意

健康與生意有個共通點——「與其為求完美而不做，不如先做，即使不盡人意」。在資訊化時代，所有的人都在搜尋、研究，要找尋完美的選擇，連選擇終身伴侶也是，陷入「不斷追求理想，結果不婚」的狀態。但其實重要的是找尋「適合自己」的選項，吸引好的現實到身邊。

在暢銷書《好好生活、慢慢吃就會瘦：1年實驗證明，減重30公斤全紀錄》（大田出版）這本書中登場的苗條美人們也是。如果前一天吃太多，會透過隔天不吃早餐等方式做調整。從她們身上可以學到的是「臨機應變」的重要性。吃愛吃的食物當然很好，但是吃多了就要調整，或者根本不讓自己吃過多，就算是外食，只要量太多，就打包帶回家，以預防過食。

紐約的餐廳都能夠「TO GO」（打包帶回），吃剩下的食物，不管是

牛排還是義大利菜、中國菜，都能打包帶回家。我因為習慣了這個作法，想法有了改變，覺得「吃不完的就打包回家」。日本因為過度恐懼食物中毒的風險，還是有餐廳不讓人打包。如果是那樣，看是就剩下來，還是「只點剛好的量」。

在餐廳點餐時，如果能夠先問店家分量多寡，一一確認，就能避免點太多、吃太多。擔心不夠就一定會吃下太多，反正「不夠的話再點甜點」。

商務人士養成只吃六分飽的習慣，就不怕臨時的餐敘，看到有趣的餐廳，也能前往調查。這種臨機應變的能力有助掌握新商機、建構人際關係。

身為商務人士，最好隨時將肚子空著。

上班族瘦身法專欄 3

如果冰箱從這個世界消失了……

掌握減重關鍵的冰箱，
該存放些什麼、如何吃呢？
就讓身為商品管理專家的作者，
為您直指現代飲食的盲點！

一直以來，我所思考的「上班族瘦身法」的最後一項規則是，**「戰勝冰箱就能戰勝體重」**。

單身的人應該很容易做到，丟掉冰箱，把鄰近的便利商店當作自己家的冰箱。沒有冰箱就不需要打掃，也不花電費，又能減輕對環境的負擔，真是百利而無一害。

不過，最好的優點是，**可以降低吃零食的風險。丟掉冰箱，便可以減少「想吃」的風險**。

家裡有冰箱的另一個問題是，會存放無酒精飲料。

如《華爾街式減重法 美國企業菁英實踐的減重計畫》（暫譯）〈*The Wall Street Diet: The Surprisingly Simple Weight Loss Plan for Hardworking People Who Don't Have Time to Diet*〉（希瑟・鮑爾〔Heather Bauer〕、凱西・馬修〔Kathy Matthews〕著）中所指出的，大部分的無酒精飲料=冷飲中，都含有大量的糖（葡萄糖＋果糖的混合物），空腹飲用時，這些飲料中所含的糖將

導致血糖急速上升，刺激胰島素分泌，而造成脂肪堆積。

幸運的是，這些含糖量高的飲料大多有這樣的特性——「不冰不好喝」。所以，如果沒有冰箱，只要不專程去買，是不會想喝的。加上冷飲會降低身體溫度，有時對健康有負面影響。可以趁這個機會戒掉冷卻身體的習慣。

在此要為有小孩，得幫孩子準備便當的人，介紹「不會導致肥胖的冰箱收納法」。

這是曾任亞馬遜書店採購的我，將身為專業人士所累積的庫存管理手法應用到家用冰箱的方法。

事實上，我用這個方法為原本一團亂的家中冰箱，還有媽媽家找得到一年多前牛奶的冰箱瘦身，並且從此不再復胖。

這個方法連《怦然心動的人生整理魔法》（方智出版）作者，近藤麻理惠小姐都為之驚歎。

以往不曾有收納書如此教過，**整理冰箱不能以「位置」分類，也不能以「物品種類」分類，重點是要根據「營養素」分類。**

例如，肉、魚、蛋是蛋白質的來源，蔬菜是維生素的來源，要依營養素分類收納。然後要考量營養素的均衡，而且不能過期。理想的庫存量是可以在到期日減一天前吃完的量。

乾貨類的蘿蔔乾是維生素的來源，鮪魚罐頭要計算蛋白質。採買時如果考慮到需要哪些營養素，就能避免在商店促銷時買下太多乾貨，就不會有用不完而過期的情形發生，也能防止食品浪費。

冰箱裡本應該要有「非冷藏品空間」。人們因為將食品分成冷藏品（生鮮品）與常溫保存品（乾貨），所以很難做到統一管理。

接著是冰箱裡面的具體內容，要將已經烹煮好的「完成品」（咖哩、燉菜、糖醋里肌等）整鍋放在最好拿取的位置。此處的食物因為已經烹煮完成，最容易變質，也是應該要最優先食用的位置。

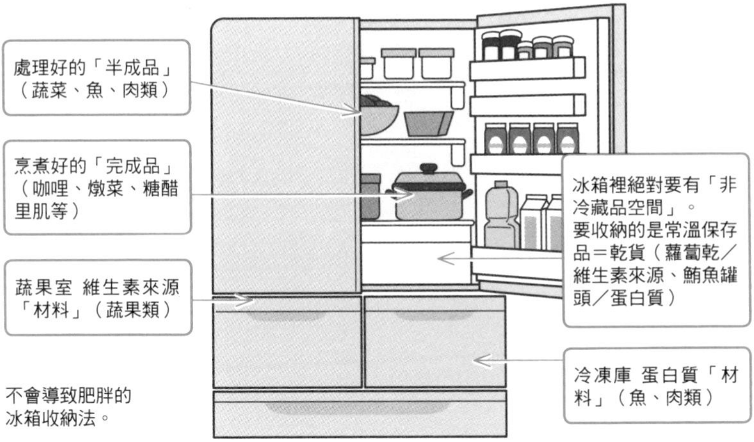
處理好的「半成品」（蔬菜、魚、肉類）
烹煮好的「完成品」（咖哩、燉菜、糖醋里肌等）
蔬果室 維生素來源「材料」（蔬果類）
冰箱裡絕對要有「非冷藏品空間」。要收納的是常溫保存品＝乾貨（蘿蔔乾／維生素來源、鮪魚罐頭／蛋白質）
冷凍庫 蛋白質「材料」（魚、肉類）

不會導致肥胖的冰箱收納法。

取出鍋子直接加熱馬上就能吃。讓食物方便家裡每一個人拿起來就能吃，就愈有機會被吃完。這個位置最理想的狀態是東西都能吃完，不要剩下，所以盡可能維持空著的狀態。

其他層架則擺放切好、預先備好的蔬菜、肉類等，這些雖然不至於像已經烹煮好的，但兩三天就不新鮮，要當「半成品」對待。

蔬果室則是擺放維生素來源的「材料」，冷凍庫要放蛋白質來源的「材料」，這些的庫存最多不超過一個禮拜份，並且依序做成「半成品」、「完成品」。之後就是持續反覆這個流程。

持續這麼做之後，你可能會有疑問：「如果一次購足一個禮拜份的蔬菜，最後的蔬菜是在一個禮拜後吃，不是很不新鮮？」

如果你有辦法經常去採買，兩三天就能吃完的話，就能給家人吃到新鮮的食物。日本的消費者對於超市裡放了兩三天的肉類、蔬菜，會說「不新鮮」而不拿。但是放在自家冰箱裡超過一個禮拜的肉、蔬菜，卻自認還很新鮮。

懷抱此疑問的你，一旦持續這樣的收納法，一定會有更多疑問的。

「『完成品』的架子空著最理想，冰箱的庫存量也以二到三天份為佳，這樣的話，冰著一台大冰箱，繳電費不是很浪費嗎？」

沒錯，是有點浪費。但家中的冰箱不過是供應商將你「其實不需要的量」先賣給你，讓供應端不需要備多餘庫存而存在的。

為此花大錢買冰箱，每個月繳很多電費，然後年底得辛苦清冰箱，每年還會丟棄大量食品。擁有冰箱的你就是為此浪費行為工作著。

對我來說，說到底，沒有冰箱才是最理想的。

上班族瘦身法
專欄

4

在社群網站上相互鼓勵的減肥新習慣。

在「上班族瘦身法」的臉書社團中，
學員們會上傳每天的狀況，
彼此勉勵、相互提升精神的分享力量！

〈外食篇〉為了控制飲食，介紹各種充滿巧思的選擇訣竅。

色彩繽紛的餐點教會我的事

野野山崇貴先生

午餐吃RH咖啡廳的沙拉跟裸麥麵包，晚餐是創意法國菜的全套餐，包括麵包。平常吃飯顏色並不豐富，但是今天很感恩，吃到好幾種食材，每種都能嘗到一些。餐點顏色跟營養素多寡成正比，感到身心都獲得療癒，也對食材感到興趣，可以悠閒地品嘗餐點。

去細心烹煮每樣食材的餐廳時，店家會告訴我所吃的食物本質上的價值，因此會對主廚充滿感恩，也能具體說出謝意，而餐廳也喜歡有這種心態的客人。我想要培養能夠細心體察到別人為我做了些什麼事情的能力，而非老想著要別人幫我做些什麼。（2017/2/10）

在家庭餐廳也會刻意選擇蔬菜，並且意識到醣類量

松林宏治先生

午餐到Gusto這間家庭餐廳，以前都是點每日定食加大碗飯（免費）。但是現在會仔細研究菜單，點了「一天份蔬菜的素食鹽味擔擔麵」加零醣麵。這樣一份，料跟麵是二百九十八卡／鹽〇點四公克，湯是四十四卡／鹽六點九公克。另外喝了自助飲料區的普洱茶。肌力訓練做了一百次深蹲、三十次仰臥起坐、三十次左右的伏地挺身，因為前一天吃太多了，想要挽救一下。（2017/2/16）

在員工餐廳利用小菜做調整，不吃飯

石原朗吉先生

中午在員工餐廳吃，還好有小菜可以做調整。因為前一天晚上喝酒應酬，所以中午不吃飯。

我不大會喝酒，所以最後喝了烏龍茶解酒。回家後做深蹲七十次、健腹輪（跪姿）二十次、伏地挺身三十次。雖然因為腳的手術住院四天左右，但能做的都盡量做，總之沒有輸。

因為沒有量體重，所以不知道體重多寡，但是大約兩週的時間，皮帶鬆了一個孔距。（2017/2/2）

新幹線車廂內也有低醣餐點

谷口一則先生

「上班族瘦身法」一個月的成果是體重從八十三點五公斤減到八十點七公斤，腰圍減了超過五公分。不能鬆懈，要照這個節奏繼續加油。

平常搭新幹線都是吃車站的便當加啤酒，今天選了在東京車站物色到的，以蔬菜為主的低醣餐點，看起來沒什麼，但是相當有飽足感。

我常想，人類是脆弱的生物，所以減重光靠自己一個人是無法持續的。夥伴們的貼文能夠刺激我，對我是很大的鼓勵。

我希望不要只有臉書上的貼文，如果能一兩個月至少辦一次聚會，類似「吃對身體好的食物」這類的聚會，也能交換資訊，會更實際想要做到承諾。不知道大家覺得如何？（2017/2/19）

>>辦聚餐吧！（土井）

在牛肉蓋飯店策略性地點餐

石原朗吉先生

午餐在吉野家吃薑汁豬肉定食（白飯半碗、味噌湯換成豬肉味噌湯）、兩份牛蒡沙拉、納豆。依照「上班族瘦身法」點了兩份牛蒡沙拉，店員反問我：「咦？兩份是嗎？」（笑）。在吃飯之前追加了納豆。吃納豆是因為想到以下四項優點；（1）可以攝取植物性蛋白質，（2）發酵食品有益腸道以及身體，（3）可以把飯留在最後單獨吃（雖然喜歡吃白飯，但是無法單吃），（4）它是減重夥伴，氣味刑警（松林先生）推薦的消臭食材。算是有用腦筋在思考策略。

肌力訓練做了深蹲一百次×2、仰臥起坐五十次×2。因為是假日，中午與晚上各做了一套。肌力訓練的次數增加，花的時間也增加，所以導入新武器取代增加次數，那是最多可以放入二十個一公斤重沙包的負重訓練背心。體重減輕後負荷也跟著減少，所以剛剛好。試著拿起沙包，沒想到一公斤竟然這麼重。（2017/3/6）

〈便利商店篇〉買三盒沙拉。那樣的習慣會改變你的飲食生活。

在7-11一次購足

谷口一則先生

午餐在7-11一次滿足！「辣雞與蛋碎沙拉」、「滿滿的肉！燙豬肉片沙拉」，還有關東煮（蒟蒻塊、蒟蒻絲、白蘿蔔、甜不辣、牛筋），味道不差，很健康，色彩也繽紛。（2017/2/22）

沒有只靠吃菜勉強度日的感覺

渡邉裕介先生

午餐吃LAWSON的沙拉！買了三盒沙拉，然後鼓起勇氣跟店員說只要一副筷子（笑）。昨天公司健康檢查，不得已量了體重，目前少了一公斤。沒有勉強的感覺，正輕鬆地持續當中。因為吃的都是對身體好的，期待血液檢查的數值變好。（2017/2/2）

意識到沙拉的價值

野野山崇貴先生

午餐是RH咖啡廳的沙拉跟裸麥麵包，晚餐是凱薩沙拉與洋蔥湯。肌力訓練是深蹲一百五十次、仰臥起坐各六十次（正面左右）、伏地挺身六十次。

一天當中吃了三種沙拉，第一次覺得一千五百日圓的沙拉很便宜。會這麼說，一定是我發現到沙拉的價值了。

沙拉裡有許多營養價值高的食材，脂肪量也少，口感佳，色彩鮮艷美麗，看起來很舒服，吃到肚子裡也很舒服。

能夠具體說出喜歡的部分，代表是很認真的。（2017/2/13）

讓人知道我想吃的食物

野野山崇貴先生

午餐吃鮪魚山藥小黃瓜沙拉、生火腿蔓越莓醬沙拉、蘿蔔泥味噌湯、豆皮蕎麥麵。晚餐是納豆、生高麗菜葉、味噌湯、柿餅。肌力訓練做了一百三十下深蹲、五十次仰臥起坐、五十次伏地挺身。

今天吃了很多蔬菜。最近變得可以自然說出想要吃的東西。「要不要一起吃午餐？」面對這樣的邀請時，如果也想吃一點的話，以前的我會說「吃什麼都好」，然後反正有什麼就吃什麼。

現在會明確表達（在尊重彼此的情況下自我表達）。因為這樣，可以客觀地看到狀況，也對自己更加信賴。覺得面對吃飯的邀約，確實表達自己的想法是很重要的禮貌。

變得細嚼慢嚥，吃的量也減少

野野山崇貴先生

午餐吃白蘿蔔沙拉、蒸雞肉根菜沙拉，晚餐吃紅甘冷盤與料很多的沙拉、海鮮義大利麵、煎豬排、小法國麵包二個。

肌力訓練做了深蹲一百四十次、仰臥起坐五十次、伏地挺身五十次。

因為細嚼慢嚥的關係，飽食中樞受到刺激，吃少量就有飽意。即使吃的是愛吃的食物，量已經比以前少。以前可以輕鬆吃下三碗飯，或者兩人份的義大利麵，少量就好的想法讓我開始能夠享受小小的幸福。（2017/3/13）

〈營養素篇〉打造活力充沛的身體，得均衡攝取營養。

肌力訓練導致的疲勞需要胺基酸予以恢復

野野山崇貴先生

午餐吃沙拉、溫蔬菜、滷豬肉番茄、雜糧飯。晚餐吃沙拉、炒青菜、豆花。肌力訓練為深蹲一百五十次、伏地挺身六十次、仰臥起坐各六十次（正面左右）。肌力訓練做久了，大家會不會有肌肉痠痛的情形呢？有人告訴我，在那種時候要攝取「胺基酸」，可以有效幫助消除痠痛。胺基酸據說能夠提高免疫力、加強體力與肌力、加速脂肪燃燒、提高專注力，並且有放鬆、美膚美髮效果。

今天餐點裡的蛋白質是豬肉與豆腐，為了恢復疲勞、提高體力，會持續補充蛋白質材料之胺基酸。（2017/3/22）

雖然常覺得辛苦，但是每天都是跟自己的挑戰

野野山崇貴先生

午餐吃綠沙拉、水餃、烤牛肉蓋飯。中午攝取均衡飲食，晚上則吃豆腐以及納豆等富含蛋白質的食物。肌力訓練是深蹲一百三十次、仰臥起坐五十次、伏地挺身五十次。常覺得辛苦，但是在那種時候，夥伴們耐住辛苦努力的模樣就會浮現在腦中，那對我是無比的鼓勵。每天都是跟自己的挑戰。（2017/4/10）

>>肌力訓練的次數增加太多，太花時間，對商務人士來說是受挫的主因。理想的狀態是在維持相同次數的過程中，讓基礎代謝增加，體重自己減少。千萬不要太過勉強！（土井）

習慣確認蛋白質的量

石原朗吉先生

為了增加肌肉，每天會確實攝取蛋白質。

每天都提醒自己要吃進自己體重的公克數的蛋白質，比方說體重六十公斤的人，一天要攝取六十公克的蛋白質。

在便利商店或超市買餐點時，會確認蛋白質的量再選購（不大看熱量以及脂肪量）。然後記得一百公克的肉大概含有的蛋白質是二十公克。

此外，為了也攝取植物性蛋白質，在員工餐廳吃飯時一定會點納豆、豆腐來吃。（2017/4/4）

牡蠣中有豐富的營養素

野野山崇貴先生

午餐吃鮮魚定食、烤牡蠣、大蛤蠣。晚餐吃泡菜、沙拉、牛尾湯，加上烤牛胃、牛心、牛橫膈膜、牛小排。肌力訓練是深蹲一百五十次、仰臥起坐各六十次（正面左右）、伏地挺身六十次。

吃了現烤牡蠣，因為知道有豐富的鋅、牛磺酸（taurine）、糖原（glycogen）等營養素，所以吃起來更覺美味（笑）。以前都不知道，所以不敢吃，現在會積極吃牡蠣。

那之後還吃了烤肉！原本會擔心，但是已經習慣了蔬菜→湯→肉的順序，而且點的都是有嚼勁的，吃一點就飽了。別桌客人則是大口飯、大口肉地吃著，吃相豪邁。我喜歡會吃的人，不管是男或女，坐在能吃的人中間，感覺很有活力！（2017/4/12）

〈誘惑篇〉減重時躲在心中的香甜誘惑、濃醇口感、空腹的呼喊！

上傳一個亂了調，不可取的例子

前山貴茂先生

我上傳一個不可取的例子。話雖如此，但是土井先生「每月一次的獎賞」的概念還是令人安心。

這個禮拜的肌力訓練、飲食都亂了調。有兩個原因，經過一個月的減重，達到目標所帶來的成就感，以及因為公司缺人，這個禮拜的工作量增加到一點五倍，壓力倍增。雖說亂了調，跟減重前相比卻是沒有問題的。但是對於自稱完美主義者的我來說，覺得很不舒服。今後的課題是，就算外境變得跟平常不一樣，肌力訓練與飲食還是不能變。請大家也都要小心。（2017/2/24）

>>沒有關係，繼續努力就好。甜點請盡量選擇不加糖的優質甜點。「上班族瘦身法」不責備不可取的自己。另外，不可取的例子可以不要上傳，因為會誘惑大家。不過，因為這個例子太不可取了，還是放上來吧（笑）。減重開始經過一個月後，會進入狂掉體重的紅利期，不要浪費它，繼續加油吧。（土井）

偶爾也想吃拉麵

谷口一則先生

雖然在進行「上班族瘦身法」，偶爾還是會想吃拉麵或者牛肉蓋飯，因此找到了這樣的拉麵店，兵庫縣西宮的「力丸」拉麵。有著滿滿的蔬菜，在吃到麵之前，就可以吃得相當飽。過去以拉麵當三餐的我，總是將麵吃完，甚至再追加。但是這種拉麵，一半的麵就能吃飽。雖然將麵剩了下來，還是吃得相當滿意。（2017/4/20）

有時也想吃點早餐

渡邉裕介先生

對晚上有應酬餐敘的商務人士來說，不吃早餐應該受得了，但是沒有餐敘的隔天早晨，肚子其實很餓。我太過飢餓時，頭腦便無法運作，所以會想吃點早餐，不知道可以嗎？

上面的照片是在某國的飯店的早餐，蔬菜完全沒有味道，重新體認到日本蔬菜的美味。下面的照片是出差時的飛機餐，只吃菜與肉，飯全部剩下，然後在便利商店買了沙拉補足。（2017/2/27）

EPILOGUE

開啟企業未來的資產是健康

透過瘦身重建身體，發現人生的全新喜悅

現在的我吃得少，而且以蔬菜為主，同時不忘肌力訓練。但是進到正向循環前的生活是很糟糕的。我的公司在二〇〇四年成立，很幸運地起步順利，業績得以維持穩定成長。

但是曾幾何時，工作超出了我所能負荷的，即便那樣，我還是咬牙苦撐了下來。雖然從事超過自身規模的生意，可以讓經營者成長，但是過程中必會招來很大的精神壓力，即使在商場上可以應付，反作用力卻在私人生活中爆發，為了逃避壓力，我開始了暴飲暴食。

在將近十年的日子裡，我過著最糟糕的飲食生活，比方說，早餐如果是在家裡吃，我多是吃茶泡飯或生雞蛋蓋飯，因為不用花時間準備，而且容易

下嚥。有時喝著含糖量超高的果汁，將在公司附近便利商店買的御飯糰或三明治吞嚥下肚。

喝果汁是因為覺得它是維生素的來源。但是，吃飯都是在辦公桌前，一邊看電子郵件一邊吃，不會去看拿在手上的是什麼，也沒有細嚼慢嚥。

中午很少有時間外出吃飯，多是靠公司附近的超市便當、熟菜專賣區的豬排蓋飯打發，吃到青蔥、洋蔥，就覺得「也吃了蔬菜」。隨手買來的甜點當然也吃進肚裡。有時間外出吃飯，吃的不是拉麵就是牛肉蓋飯或咖哩飯，而且是邊讀書邊扒進嘴裡。牛肉蓋飯一定會加生雞蛋，因為加了生雞蛋攪拌一下，就能更快將牛肉蓋飯吞進肚裡。

創業初期，晚上經常受到長輩邀請出席餐敘，在那種時候，自己並非可以點菜的角色，所以出什麼菜就吃什麼。

當然，酒也是不分種類經常喝，也會續攤。狂喝之後，到下一間店又再喝好幾杯雞尾酒，而且最後一定會吃碗拉麵收尾。

我也常吃洋芋片，一次買三袋的話，當天會吃完兩袋，而且是吃了晚餐之後。洋芋片很鹹，所以會想喝飲料，於是又喝很甜的冷飲。但是那樣還沒完，最後會想吃甜點，所以會在深夜去便利商店買甜點回家，吃下肚之後，這樣才結束漫長的一天。

公司的業績愈來愈好之後，更是如魚得水，一早就在飯店享受自助餐，從早上開始吃吃吃，中午、晚上也因為要談生意，就在飯店吃套餐。有段時間三餐都在飯店解決。

這樣當然無法維持身體狀況，那時有嚴重的肩頸痠痛問題，所以開始找人按摩，最誇張時一個禮拜去五天，費用也是令人無法小覷的金額。現在在飯店或者高級酒吧看到香檳一瓶接著一瓶開的年輕老闆，會覺得彷彿看到了從前的我，覺得當時真的病得不輕。

我認為每個人在四十歲之前，都應該回顧自己的生活，如果有不好的習

慣、不良的癖好，都必須斬除。如果做不到，可能就無法活出新局、無法勝出。

我藉由自己開車上下班，減少了在晚上餐敘喝的酒量，我只要說「不好意思，今天開車」，對方就能夠接受，也不會不愉快。如果說有什麼是需要捨棄的，就得這樣想辦法去做到。

但是，有些人卻喜歡逞一時之勇，將這類「我吃這麼多也沒問題，還吃得下」的照片放上網，彷彿企業戰士般，這樣是很危險的。

在我身旁，有些人在四十歲左右就倒下了，最糟糕的就是死亡。我還看過有些人自以為能幹，覺得不會有事，以前的我也是如此一廂情願。

體力再自豪，也不可能跟年輕時一樣跑不停。四十歲之前一定要重建身體，這是有理由的。

這是一個商務人士要將健康視為資產的時代

倫敦商學院的教授琳達・格拉頓（Lynda Gratton）的著作《生活變遷——100歲的人生戰略》（暫譯）（*The 100-Year Life: Living and Working in an Age of Longevity*），讓以「六十五歲退休」為人生目標的商務人士看到了一個嚴肅的現實。

先進國家的人民壽命已達一百歲，持續活著的我們在大部分的時間內都需要工作。為此，我們需要的已經不是不動產以及股票等金融資產。假設你六十五歲要退休，在剩下的三十五年裡，哪裡會有長泰久安的股票（也就是企業）呢？

今後，日本的人口會持續減少，不動產的貶值是不可避免的。有商業頭腦的人還是會利用股票或者不動產賺錢，最後這個世界或許只有部分足智多謀的人可以倖存。因此，沒有一個處方箋適用所有人。

那麼，什麼是可以讓我們安心度過一生的資產呢？

毫無疑問的，那就是健康。如果一生都擁有不會衰微的清楚頭腦，並能維持強韌的肉體及清潔感，那麼你將一輩子都不缺工作吧。

平均壽命減去健康壽命後的年數，當今日本是全世界最長的國家之一。那是指需要別人照護、照料的不自由的時間。若能自己照顧自己，每個人都希望不假他人之手。也為了能夠一輩子工作，健康是不可或缺的。

我常在講座等場合，一有機會就問台下人士這個問題：「一年存超過一百萬日圓的請舉手？」結果幾乎沒有人舉手。一年存不了一百萬日圓，意思是說二十三歲大學畢業出社會進公司上班，一直到六十歲，存款最多不超過三千八百萬日圓。

假設退休後平均每年花費三百八十萬日圓，那可是不到十年就會坐吃山空的金額。未來，年金開始給付的年齡會愈來愈晚，甚至可能減額，因此實質上，我們只能一直工作到死前。

以商務書為專業的我，這次願意寫不同領域的瘦身書，是因為我認為這是日本企業界的問題。

商務人士若能提高健康意識，應該也能讓日本生產年齡的人口增加。也期待那些從中看出商機的食品業者或務農者，能夠因此想出革新方法。

人類才有的玩心與感性，將成為企業的武器

隨著ＡＩ以及機器人的登場，產業界因為擔心人類將失業，正瀰漫著一股如盧德運動（Luddite movement）（發生在十九世紀初的英國，要打壞機器的運動）前的慘淡空氣。

如果機器人把人類的工作都搶走了，那會怎麼樣？很多人說，ＡＩ超越人腦的技術奇異點（Singularity）已經不遠。那麼，什麼樣的時代即將到來呢？對此，我的回答是這樣的：

「人類的工作將只剩下玩」。

前幾天，聽到IoT（物聯網）創投界有位經營者說了這樣一番話：「機

器人非常不擅長處理情感以及感性。」既然如此，人類就專心做以感性為武器的工作吧。比方說，將玩這件事做到極致，也就是約翰・赫伊津哈（Johan Huizinga）在《遊戲人》（*Homo Ludens*）（譯注）一書中所闡述的遊戲人。

能夠發展出二十一世紀最大產業之觀光產業的，一定是能夠提供全世界最具個性且成熟的「遊戲」的國家，或者都市、地方。而能夠活躍於此產業第一線的人，一定是將玩做到極致的人。

照亮成熟社會的軟體是文化。在今後的時代，不論是工作還是私生活，如果沒有嗜好，將失去容身之處。未來是將在遊戲中學到的發展成為事業的時代。

譯注：荷蘭學者約翰・赫伊津哈於一九三八年的著作，探討在文化和社會中，遊戲所起的重要作用。

用健康的身體培養自信、開拓新生意

若能實踐「上班族瘦身法」，應該能夠重新找回能量，對許多事物感到興趣。身材緊實之後，快丟掉鬆垮的衣服吧，千萬不要想著「或許會再復胖，有機會再穿到，還是先留著」。絕對不要再變回從前的樣子！要依瘦下來的身材，訂製新西裝，享受新潮時尚的從容感也會甦醒。

隨著年紀的增長，食量會減少。建議將對飲食的熱情與愛好分散到流行、裝潢、藝術等方面。接觸優質文化，也追求心靈上的滿足。

擺脫公事公辦、充滿壓力的人際關係，與真心為我們打氣的人交往才有建設性。無止盡地在社群網路拓展淺層人脈沒有意義，**人際關係跟吃飯一樣，不是無止盡地愈多愈好，而是要提高其品質。這麼想望並且採取行動，**

自然就會吸引有志一同的人聚集在一起。

最後要請教一個問題，你喜歡現在的自己嗎？

我有很長一段時間無法喜歡自己，工作上特別是業績，雖然維持在不錯的狀態，但是精神方面卻已經到達極限。那時，我用這個瘦身法重新打造身材，結果從中獲得拯救，趕上了末班車。

若你也是上班族，你的幹勁對顧客以及往來公司、下屬，甚至是家人，乃至日本的經濟活動都會有很大的影響。

今天起就斷然與不好的習慣告別，並且養成新的、好的習慣吧。希望你筆直地朝人生該前往的方向前進，找到新的喜悅。

祝福各位三十年後跟現在沒有兩樣，依然健康活躍。

土井英司

上班族瘦身法
專欄

5

根據最新資料確認令人在意的醣類量。

減重時應該要留意的醣類量表。
食品成分表也經過更新，
就像看資產負債表，
將看見與食品有關的真相。

Category 01

穀類
（米、麵包、麵類、玉米、穀類）

食品名	醣類量(公克)
糙米	35.1
粳米（白飯）	38.1
飯糰	39.7
米粉麵包	55.6
米粉	79.9
麻糬	50.0
紅豆飯	43.4
吐司	49.1
法國麵包	63.9
麵包捲	49.7
印度烤餅	45.6
貝果	50.3
烏龍麵（水煮）	21.4
麵線、涼麵（水煮）	25.6
雞蛋麵（水煮）	27.7
泡麵（油炸調味）	63.0
泡麵（生麵）	65.7
通心粉、義大利麵（水煮）	31.2
水餃皮	60.4
燒賣皮	61.2
披薩皮	53.2
蕎麥（水煮）	27.0
玉米片	89.9
爆米花	59.5
五穀（小米、黍、稗、大麥等）	65.2

Category 02

薯類、澱粉類

食品名	醣類量(公克)
番薯（蒸）	32.6
番薯（烤）	36.7
番薯（炸）	36.3
芋頭（水煮）	11.1
馬鈴薯（蒸）	15.7
炸薯條	27.5
山藥（水煮）	12.9
野山藥（生）	25.7
太白粉（馬鈴薯澱粉）	89.8
玉米粉	94.9
葛粉條（水煮）	32.4
芝麻豆腐	8.0
綠豆冬粉（水煮）	19.8

Category 03

豆類

食品名	醣類量(公克)
紅豆（水煮）	19.8
水煮紅豆罐頭	47.7
紅豆（紅豆泥）	26.0
紅豆（粗粒紅豆泥）	54.7
四季豆（水煮）	16.9
豌豆（水煮）	18.8
黃豆（水煮）	1.6
黃豆（水煮罐頭）	0.9
黃豆粉	7.1
板豆腐	0.7
嫩豆腐	0.9
油炸豆皮（去油，生）	0.3
拔絲納豆	0.3
豆漿	1.0
豆皮（生）	1.1

*醣類量（公克）為每一百公克可食部分中的平均含量。

穀類多為米、麵包等主食，與磨成粉相比，在成粒的狀態下食用較不易使血糖升高。從數字來看，泡麵要小心。薯類、澱粉類要留意主要用於調味的太白粉以及玉米澱粉的醣類量。豆類的部分，黃豆做成豆腐後，因為水分增加，所以數值降低。

Category 05

菇類

食品名	醣類量(公克)
金針菇（生）	1.0
金針菇（調味瓶裝）	10.3
木耳（水煮）	0.2
香菇（生）	0.6
鴻喜菇（生）	1.3
本菇（水煮）	4.1
滑菇（生）	2.4
滑菇（水煮罐頭）	1.4
杏鮑菇（生）	3.0
杏鮑菇（烤）	4.5
洋菇（生）	0.1
秀珍菇（生）	1.3
舞茸菇（生）	0.3

Category 06

藻類

食品名	醣類量(公克)
海苔（調味海苔）	14.3
海苔（烤海苔）	1.9
佃煮昆布	20.6
昆布絲	0.4
羊栖菜（水煮）	3.4
海苔粉（自然風乾）	0.2
寒天粉	0.1
海蘊	1.4
沖繩海蘊	2.0
海帶芽（自然風乾，泡開）	5.9
海帶根	3.4

Category 04

蔬菜類

食品名	醣類量(公克)
蘆筍（水煮）	2.3
蘆筍（水煮罐頭）	2.3
毛豆（水煮）	4.6
青豆（水煮）	15.2
秋葵（水煮）	2.1
南瓜（水煮）	9.9
白花椰菜（水煮）	3.0
高麗菜（生）	3.5
高麗菜（油炒）	2.7
小黃瓜（生）	2.0
羽衣甘藍（生）	1.2
牛蒡（水煮）	0.9
日本油菜（生）	0.3
糯米椒（生）	1.2
茼蒿（水煮）	0.4
薑（生）	4.2
芹菜（生）	1.4
白蘿蔔（連皮，生）	2.7
竹筍（生）	1.4
竹筍（水煮罐頭）	2.3
洋蔥（生）	7.0
甜玉米（水煮）	13.5
番茄（生）	3.1
番茄汁（加鹽）	2.9
茄子（生）	2.6
紅蘿蔔（生）	5.9
蔥（生）	3.6
青椒（生）	2.3
綠花椰菜（水煮）	1.2
菠菜（水煮）	0.4
萵苣（生）	1.7

若只看蔬菜以及菇類、海藻類的醣類量，容易忽略掉可攝取食物纖維以及維生素的優點。一個洋蔥的醣類量不會影響減重，反而希望大家聚焦在易缺少的營養素上。佃煮昆布等用來調味的糖會將數值整個拉高，要小心看不到的糖。

食品名	醣類量(公克)
萊姆果汁	1.9
檸檬果汁	3.1
芭樂汁（20%果汁）	10.0
鳳梨汁	10.2
葡萄汁	13.9
蘋果汁	10.8

Category 08

堅果種子類（芝麻、堅果）

食品名	醣類量(公克)
杏仁（油炸，調味）	5.5
杏仁（煎炒，無鹽）	5.9
腰果（油炸，調味）	18.6
銀杏（新鮮）	33.4
栗子（水煮）	32.8
甜栗	43.9
核桃（炒熟）	2.8
芝麻（炒熟）	0.8
芝麻（膏狀）	0.8
開心果（炒熟調味）	8.2
榛果（油炸調味）	4.9
夏威夷豆（炒熟調味）	4.8
落花生（炒熟）	11.0
奶油花生	9.0
花生醬	20.1

Category 07

果實類（水果、果汁）

食品名	醣類量(公克)
酪梨	0.8
杏桃（新鮮）	4.8
杏桃（乾燥）	49.9
草莓	6.1
草莓（果醬，高糖度）	66.2
無花果（新鮮）	11.0
柿子	13.3
溫州蜜柑	9.2
柳橙	8.3
葡萄柚	7.5
檸檬	2.6
奇異果	9.8
椰子（水）	7.9
西瓜	7.6
黑棗（新鮮）	10.8
梨	8.3
西洋梨	9.2
鳳梨	11.3
香蕉	19.4
木瓜	7.1
葡萄	14.4
葡萄乾	76.5
藍莓	8.6
芒果	14.4
哈密瓜	9.6
水蜜桃	8.4
蘋果（連皮，新鮮）	13.1
樹莓	5.6
橘子汁	9.2
柳橙汁	8.9
葡萄柚汁	8.8
香檬果汁	7.9

果實類中，拿掉水分的果乾等醣類量都很高，但是新鮮葡萄以及葡萄汁也不遑多讓。水果中的果糖雖然不會刺激胰島素的分泌，但也是脂肪肝的成因之一，要避免攝取過量。堅果種子類的甜栗、銀杏等醣類量高，同時堅果類的脂肪量也要注意。

Category 10 +－×÷

魚貝類

食品名	醣類量(公克)
竹筴魚（油炸）	8.5
安康魚肝	2.2
沙丁魚（油炸）	11.3
味醂魚乾（鯷魚）	25.0
鰻魚（蒲燒）	3.1
鰹魚（滷）	21.4
魚子醬	1.1
鯖魚（油炸）	6.8
醋醃鯖魚	1.7
味噌鯖魚（罐頭）	6.6
阿拉斯加鱈魚（油炸）	7.2
太平洋鱈魚（魚鬆）	41.5
鯽魚（甘露煮）	44.4
鮪魚片（罐頭）	9.9
淺蜊（水煮罐頭）	1.9
鮑魚（風乾）	23.8
牡蠣（新鮮）	4.7
蛤蠣（烤）	2.8
扇貝（貝柱肉，烤）	4.6
甜蝦	0.1
白蝦（天婦羅）	7.1
北魷（天婦羅）	9.0
新鮮海膽	3.3
蒸魚板	9.7
烤竹輪	13.5
鱈魚豆腐	11.4
甜不辣	13.9
魚肉香腸	12.6

Category 09 +－×÷

肉、蛋、奶類（食用肉、蛋、乳製品）

食品名	醣類量(公克)
炸豬排（里肌肉）	9.6
炸豬排（腰內肉）	15.6
壓型火腿	3.9
鑫鑫腸	3.0
叉燒肉	5.1
鵝肝（水煮）	1.5
炸雞	14.3
麥克雞塊	13.9
雞肉丸子	11.5
雞蛋（新鮮）	0.3
雞蛋（水煮）	0.3
日式煎蛋捲（香甜風味）	6.6
日式煎蛋捲（高湯風味）	0.3
牛奶	4.7
咖啡牛奶	8.0
加糖煉乳	55.9
鮮奶油	13.0
奶球	1.6
優格（全脂無糖）	3.9
優格（加糖飲料）	10.5
奶油起司	2.5
莫札瑞拉起司	4.2
加工起司	0.1
冰淇淋（高脂）	18.1
雪糕	20.9
霜淇淋	20.1

肉、蛋、奶類與魚貝類基本上雖然是高蛋白質，但是隨著加工法、調理法的不同，醣類量明顯不同。肉經過油炸，麵皮就是醣類。乳製品的醣類量則會因為添加的砂糖而飆高。魚貝類也是一樣，味醂乾、滷、甘露煮、魚鬆中含很多糖。魚漿、貝漿製品的醣類量都高，所以關東煮不適合減重的人吃。

Category 12

調味料類

食品名	醣類量(公克)
黑砂糖	92.7
白砂糖	100.0
蜂蜜	73.2
蠔油	26.8
黑醬油	10.1
減鹽醬油（黑）	9.0
黑醋	9.0
穀物醋	2.4
巴薩米可醋	16.4
味醂	26.8
昆布高湯	0.9
高湯塊	42.1
和風高湯粒	31.1
涼麵醬汁（未稀釋）	8.7
芝麻醬	30.1
壽司醋（散壽司、豆皮壽司用）	34.9
多蜜醬汁	11.0
白醬	5.6
肉醬	9.6
烤肉醬	28.8
番茄醬	24.3
美乃滋	4.5
米味噌（淡色鹹味噌）	11.9
減鹽味噌	11.9
咖哩塊	44.7
黃芥末（膏狀）	40.1
胡椒（黑）	45.3
胡椒（白）	45.5
薑（泥）	5.1
大蒜粉（無鹽）	20.2

Category 11

休閒飲料類

食品名	醣類量(公克)
清酒	2.5
純米酒	3.6
本釀造酒	4.5
純米吟釀酒	4.1
啤酒	3.1
發泡酒	3.6
葡萄酒（白）	1.1
葡萄酒（紅）	0.2
葡萄酒（玫瑰紅）	2.5
紹興酒	5.1
梅酒	20.7
甜點酒	10.3
煎茶（茶湯）	0.2
焙茶（茶湯）	0.1
抹茶	1.6
烏龍茶（茶湯）	0.1
紅茶（茶湯）	0.1
咖啡	0.7
即溶咖啡	56.5
純可可亞	10.6
可樂	12.2
汽水	9.0
水果色飲料	12.8

休閒飲料中，同樣都是釀造酒，葡萄酒的醣類量還是比日本酒、啤酒低。茶葉的醣類量雖高，但是經過沖泡後變低。調味料的蠔油、巴薩米可醋、壽司醋、烤肉醬是陷阱，若打算限醣，吃炸雞或者烤肉、烤雞等食物時，建議以鹽調味取代塗抹醬料。

食品名	醣類量(公克)
奶油麵包	47.7
果醬麵包	60.3
巧克力螺捲麵包	43.2
菠羅麵包	60.6
泡芙	26.8
水果蛋糕（無水果）	44.0
生乳酪蛋糕	21.7
烤起司蛋糕	24.2
蘋果派	39.5
牛油蛋糕	50.5
鬆餅	47.3
格子鬆餅（卡士達醬）	39.9
卡士達布丁	14.3
法式慕斯	20.5
威化餅	80.0
蘇打餅	77.5
小甜餅	78.0
沙布列法式酥餅	76.7
洋芋片	54.7
牛奶糖	79.9
棉花糖	83.9
杏仁巧克力	40.1
牛奶巧克力	59.3
糖漬栗子	78.8
口香糖（片）	96.9
卡士達醬	26.0
紅豆湯（紅豆泥）	49.9

甜點類則不管是日式點心還是西點，除了醣類量，也要注意油脂的量。寸棗、咖哩麵包等油炸甜點、油炸零嘴等要留意。若真的要吃，選擇水分多的外郎餅、水羊羹等淺嘗，也是一個方法。

〈參考：文部科學省《日本食品標準成分表2015年版（七訂版）》〉

Category 13

甜點類（日式點心、西點、零嘴）

食品名	醣類量(公克)
甘納豆（紅豆）	70.3
車輪餅	50.5
外郎餅	46.7
蜂蜜蛋糕	65.2
金鍔餅	64.3
艾草麻糬	54.1
麻糬串（紅豆泥）	47.7
麻糬串（甜醬油）	47.4
月餅	66.9
櫻花麻糬（關東風）	56.1
櫻花麻糬（關西風）	47.8
大福麻糬	53.3
粽子	38.4
銅鑼燒	63.3
生八橋（含餡）	68.0
蒸甜饅頭	61.2
最中餅	67.1
羊羹	71.6
水羊羹	40.8
米香	95.0
炸芋條	74.4
寸棗（黑）	76.3
瓦片煎餅	89.2
南部煎餅（加芝麻）	73.3
炸煎餅	75.9
綜合米果	82.9
醬油煎餅	88.4
牛奶小饅頭	96.9
蕎麥小饅頭	90.0
落雁（譯注：類似綠豆糕）	99.3
紅豆麵包	53.5
咖哩麵包	32.0

Attention

限醣時的注意點

本書所介紹的限醣飲食並非適用於每個人。最好先請教熟悉的醫師或營養師，再決定是否這麼做。有糖尿病，或肝臟、胰臟、腎臟等方面疾病，或脂質代謝異常的人，要特別小心。這類人若要進行限醣飲食，請務必請教醫師。另外，本書為了讓讀者容易理解，以大卡來表示能量（熱量）。

國家圖書館出版品預行編目（CIP）資料

再忙也能瘦!1日5分鐘,上班族最強瘦身法 / 土井英司著；朱麗真譯. -- 初版. --
臺北市：商周出版：家庭傳媒城邦分公司發行, 民108.06
160面；14.8×21公分. -- (Beautiful life ; 67)
譯自：どんなに忙しい人も必ずやせるビジネスマンの最強ダイエットエ
グゼクティブ・ダイエット
ISBN 978-986-477-666-5(平裝)

1.減重 2.健康法

411.94   108007432

Beautiful Life 67

再忙也能瘦！1日5分鐘，上班族最強瘦身法

原 著 書 名／どんなに忙しい人も必ずやせるビジネスマンの　　作　　　者／土井英司
　　　　　　　最強ダイエット　　　　　　　　　　　　　　　　譯　　　者／朱麗真
　　　　　　　エグゼクティブ・ダイエット　　　　　　　　　　企 劃 選 書／劉枚瑛
原 出 版 社／株式会社マガジンハウス　　　　　　　　　　　　責 任 編 輯／劉枚瑛

版 權 部／黃淑敏、翁靜如、邱珮芸
行 銷 業 務／莊英傑、黃崇華、李麗亭
總 編 輯／何宜珍
總 經 理／彭之琬
事 業 群 總 經 理／黃淑貞
發 行 人／何飛鵬
法 律 顧 問／元禾法律事務所　王子文律師
出 版／商周出版
　　　　　　　台北市104中山區民生東路二段141號9樓
　　　　　　　電話：(02) 2500-7008　傳真：(02) 2500-7759
　　　　　　　E-mail：bwp.service@cite.com.tw
　　　　　　　Blog：http://bwp25007008.pixnet.net./blog
發 行／英屬蓋曼群島商家庭傳媒股份有限公司城邦分公司
　　　　　　　台北市104中山區民生東路二段141號2樓
　　　　　　　書虫客服專線：(02)2500-7718、(02) 2500-7719
　　　　　　　服務時間：週一至週五上午09:30-12:00；下午13:30-17:00
　　　　　　　24小時傳真專線：(02) 2500-1990；(02) 2500-1991
　　　　　　　劃撥帳號：19863813　戶名：書虫股份有限公司
　　　　　　　讀者服務信箱：service@readingclub.com.tw
　　　　　　　城邦讀書花園：www.cite.com.tw
香 港 發 行 所／城邦(香港)出版集團有限公司
　　　　　　　香港灣仔駱克道193號超商業中心1樓
　　　　　　　電話：(852) 25086231傳真：(852) 25789337
　　　　　　　E-maiL：hkcite@biznetvigator.com
馬 新 發 行 所／城邦(馬新)出版集團【Cité (M) Sdn. Bhd】
　　　　　　　41, Jalan Radin Anum, Bandar Baru Sri Petaling,
　　　　　　　57000 Kuala Lumpur, Malaysia.
　　　　　　　電話：(603)90578822　傳真：(603)90576622
　　　　　　　E-mail：cite@cite.com.my

美 術 設 計／簡至成
攝 影／程志銘
動 作 示 範／闕睿甫
印 刷／卡樂彩色製版印刷有限公司
經 銷 商／聯合發行股份有限公司
　　　　　　　電話：(02)2917-8022　傳真：(02)2911-0053

■2019年（民108）6月4日初版
定價／**320**元

Printed in Taiwan

城邦讀書花園
www.cite.com.tw

Donnani Isogashii Hito mo Kanarazu Yaseru Businessman no Saikyo Diet Executive Diet
Copyright © 2017 Eiji Doi
All rights reserved.
Original Japanese edition published in 2017 by MAGAZINE HOUSE Co., Ltd.
Chinese translation rights in complex characters arranged with MAGAZINE HOUSE Co., Ltd.
through Japan UNI Agency, Inc. , Tokyo
Chinese translation rights in complex characters copyright © 2019 by Business Weekly Publications,
a division of Cite Publishing Ltd.

Beautiful Life

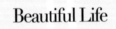

Beautiful Life